Aboriginal Art Inspired by the
2010 Olympic and Paralympic
Winter Games

L'art autochtone inspiré par les
Jeux olympiques et paralympiques
d'hiver de 2010

O SIYAM

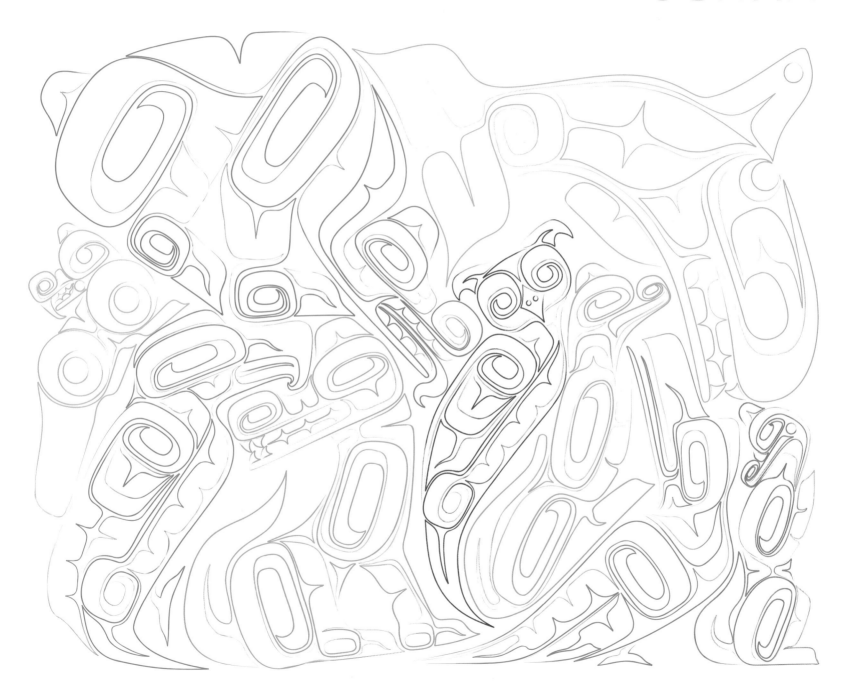

Library and Archives Canada Cataloguing in Publication
O Siyam: Aboriginal Art Inspired by the 2010 Olympic and Paralympic Winter Games / Vancouver Organizing Committee for the 2010 Olympic and Paralympic Winter Games (VANOC) = O Siyam : L'art autochtone inspiré par les Jeux olympiques et paralympiques d'hiver de 2010.

Includes index.
Text in English and French.
ISBN 978-0-470-16154-8

1. Native art — Canada — Exhibitions. 2. Art, Canadian — 21st century-Exhibitions. I. Vancouver Organizing Committee for the 2010 Olympic and Paralympic Winter Games II. Title: O Siyam: Aboriginal Art Inspired by the 2010 Olympic and Paralympic Winter Games.

E98.A7015 2009   704.03'9707471133   C2009-904612-1E

Catalogage avant publication de Bibliothèque et Archives Canada
O Siyam : Aboriginal Art Inspired by the 2010 Olympic and Paralympic Winter Games / Vancouver Organizing Committee for the 2010 Olympic and Paralympic Winter Games (VANOC) = O Siyam : L'art autochtone inspiré par les Jeux olympiques et paralympiques d'hiver de 2010.

Comprend un index.
Texte en anglais et en français.
ISBN 978-0-470-16154-8

1. Art autochtone — Canada — Expositions. 2. Art canadien — 21e siècle-Expositions. I. Comité d'organisation des Jeux olympiques et paralympiques d'hiver de 2010 à Vancouver II. Titre : O Siyam : L'art autochtone inspiré par les Jeux olympiques et paralympiques d'hiver de 2010.

E98.A7015 2009   704.03'9707471133   C2009-904612-1F

John Wiley & Sons Canada, Ltd.
6045 Freemont Blvd.
Mississauga, Ontario
L5R 4J3

Printed in Canada / Imprimé au Canada
1 2 3 4 5 FP 13 12 11 10 09

Mixed Sources
Cert no. SW-COC-001271
© 1996 FSC
FSC

Table of Contents

Table des matières

John Furlong, CEO
Vancouver Organizing Committee for the
Vancouver 2010 Olympic and Paralympic
Winter Games

John Furlong
Directeur général
Comité d'organisation des Jeux olympiques
et paralympiques d'hiver de 2010 à Vancouver

From the very beginning, the Vancouver 2010 Olympic and Paralympic Winter Games set a goal of unprecedented Aboriginal participation in the Games. As such, we're pleased that as an extension of this involvement select Aboriginal works from across Canada will be featured at every Games venue.

The Aboriginal people of Canada are an integral part of the country's culture and heritage. In a land as vast as ours, the diversity of Aboriginal cultures is breathtaking. The variety of customs is reflected in the large range of artistic mediums used, including basketry weaving of grasses, barks and roots; textile weaving of wool and other fibres; textile painting; appliqué; beading; wood and stone carving; painting in a variety of materials; and contemporary materials such as glass and metal. The styles vary regionally, from Nation to Nation, and from artist to artist. When the Vancouver Organizing Committee for the 2010 Olympic and Paralympic Winter Games (VANOC) put out the call to Canadian Aboriginal artists of all backgrounds and levels of experience to submit their expressions of interest, the artists responded in huge numbers. The breadth of their talent stunned even seasoned admirers of Aboriginal art.

During the course of this project, it became readily apparent that these artists are rooted in their traditions and cultural beliefs. They speak in the many and varied voices of their living, breathing cultures. As we have come to know these artists, we have been amazed at their excitement about being part of the Vancouver 2010 experience, at their ability to see this opportunity as a means of bridging cultural differences, educating the world and offering the sincerest expression of welcome: that of sharing their deeply valued personal experiences as Aboriginal people, artists and human beings with those who come to experience their work. Many were inspired by the Olympic and Paralympic athletes and their endless pursuit of excellence, which mirrors many aspects of their traditional cultures, such as traditional Inuit games,

Dès le tout début, les Jeux olympiques et paralympiques d'hiver de 2010 à Vancouver ont adopté comme objectif une participation autochtone sans précédent aux Jeux. Ainsi, nous sommes heureux de mettre en vedette à chaque site des Jeux des œuvres autochtones des quatre coins du Canada comme prolongement de cette participation.

Le peuple autochtone du Canada fait partie intégrante de la culture et du patrimoine du pays. Dans une nation aussi vaste que la nôtre, la diversité des cultures autochtones est à couper le souffle. La variété de coutumes se reflète dans la vaste gamme de médiums artistiques utilisés, y compris le tissage de paniers au moyen d'herbes, d'écorces et de racines; le tissage de textile au moyen de laine et d'autres fibres; la peinture de textile; les appliqués; le perlage; la sculpture de bois et de pierre; la peinture au moyen de divers matériaux; et les matériaux contemporains comme le verre et le métal. Les styles varient selon les régions, d'une nation à l'autre, d'artiste en artiste. Lorsque le Comité d'organisation des Jeux olympiques et paralympiques d'hiver de 2010 à Vancouver (COVAN) a demandé aux artistes autochtones canadiens de tous les antécédents et de tous les niveaux d'expérience de soumettre leur déclaration d'intérêt, les artistes ont répondu en très grand nombre. La diversité de leur talent a épaté même les admirateurs les plus fervents de l'art autochtone.

Au cours de ce projet, il est rapidement devenu évident que ces artistes s'inspirent de leurs traditions et de leurs croyances culturelles. Ils parlent au son de leurs voix nombreuses et variées de leurs cultures vibrantes et vivantes. Tandis que nous avons appris à connaître ces artistes, nous avons été émerveillés de leur emballement à l'idée de participer à l'expérience de Vancouver 2010, de leur capacité à considérer cette occasion comme un moyen de rapprocher les différences culturelles, d'éduquer le monde et d'offrir la plus sincère expression de bienvenue : celle de faire connaître leurs grandes expériences personnelles comme Autochtones, artistes et êtres humains à ceux qui viennent faire l'expérience

Salish runners or their own pursuit of artistic excellence. Many were inspired by the gathering of Nations. Aboriginal cultures have always practised unique ceremonial customs honouring and respecting one another. This gathering of Nations in *O Siyam* resembles those traditional gatherings, and the protocols and customs once shared among honoured guests are expressed here in their own unique way.

The 2010 Winter Games offer a unique opportunity to leave a legacy that reaches beyond one event. The artwork in the venues will stand as a testament to the healing that can happen when cultures come together in an attitude of sharing and respect. The artwork will also stand as a testament to the partnerships that can be created when people assemble with peace in their hearts, bridged by a shared goal of striving for fairness and excellence in all endeavours.

It is our honour and pleasure to share this incredible wealth of talent with the world for the enjoyment of future generations.

de leurs œuvres. Beaucoup d'entre-eux ont été inspirés par les athlètes olympiques et paralympiques et leur poursuite sans fin de l'excellence qui reflète de nombreux aspects de leurs cultures traditionnelles, comme les jeux inuits traditionnels, les coureurs salish ou leur propre poursuite de l'excellence. Beaucoup ont été inspirés par le rassemblement des nations. Les cultures autochtones pratiquent depuis toujours des coutumes cérémoniales uniques qui honorent et respectent les autres. Ce rassemblement des nations dans *O Siyam* ressemble à ces rassemblements traditionnels. Les protocoles et coutumes autrefois transmis aux invités d'honneur sont exprimés ici de leur façon unique.

Les Jeux d'hiver de 2010 offrent une occasion unique de laisser un héritage qui touche bien plus qu'un seul événement. Les œuvres d'art qui se trouvent aux sites serviront de témoignage de la guérison qui peut se produire lorsque les cultures se rapprochent avec une attitude de partage et de respect. Les œuvres serviront aussi de témoignage des partenariats que l'on peut créer lorsque les gens se rassemblent la paix au cœur, rapprochés par un objectif commun de poursuivre l'équité et l'excellence dans tout ce qu'ils entreprennent.

C'est avec un grand honneur et un grand plaisir que nous faisons connaître cet incroyable puits de talents au monde, pour le bonheur des générations futures.

John A. Furlong
VANOC Chief Executive Officer
Directeur général du COVAN

Tewanee Joseph, CEO
Four Host First Nations Society

Tewanee Joseph
Président-directeur général
Société des quatre Premières nations hôtes

There are many Aboriginal stories about Transformation, stories danced at potlatches and passed down through the generations, which still resonate today. The themes of these rich cultural stories speak to the souls of today's Aboriginal people and also to wider society. The wisdom and human experience of these stories is not confined to words alone. In this extraordinary book, a new generation of Aboriginal artists has created a stunning celebration of visual arts that, even as they portray a rich and flourishing culture, are transformative — each in its own unique and powerful way.

Traditionally, art from individual Nations was given as gifts during potlatch ceremonies. Aboriginal cultures mark significant events and celebrations with a potlatch; the 2010 Winter Games are going to be the biggest potlatch the world has ever seen! The Games offer a once-in-a-lifetime opportunity to show the world who we are. In keeping with this goal, the Four Host First Nations were honoured to invite talented First Nations, Inuit and Métis artists from across Canada to be part of the Vancouver 2010 Venues' Aboriginal Art Program, and to display these spectacular works in the traditional territories of the Four Host First Nations.

Traditional values are carried throughout the Olympic- and Paralympic-inspired Aboriginal art. The Four Host First Nations have a strong tradition of positioning welcome figures in their territories, to greet visitors from all over. In honour of this tradition, the Vancouver 2010 Venues' Aboriginal Art Program includes welcome artwork in all of the 15 venues. The variety of artistic talent within the Nations has produced an astonishing collection of art, which, while not necessarily "welcome figures" in the traditional sense, still serve to welcome guests in prominent locations in each of the venues.

The book's title is also rooted in the Salish traditions. The title *O Siyam* is familiar to many acquainted with Susan Aglukark's song, *O Siem*, which speaks about honouring

On trouve de nombreux récits autochtones au sujet de la transformation. Il s'agit d'histoires que l'on danse à des potlatchs, que l'on transmet de génération en génération et qui perdurent de nos jours. Les thèmes de ces riches histoires culturelles portent sur l'âme des peuples autochtones d'aujourd'hui et sur la société en général. La sagesse et l'expérience humaine qu'offrent ces histoires ne se limitent pas à de simples paroles. Dans le superbe présent ouvrage, une nouvelle génération d'artistes autochtones a créé une célébration emballante des arts visuels. Chacune des œuvres présentées peint le tableau d'une riche culture florissante tout en offrant des éléments transformateurs uniques et puissants.

Traditionnellement, on offrait les œuvres d'art des différentes nations pendant les cérémonies de potlatch. Les cultures autochtones soulignent les événements importants et les célébrations à l'occasion d'un potlatch. Les Jeux d'hiver de 2010 représenteront le plus grand potlatch du monde! Les Jeux offrent une occasion unique de montrer au monde qui nous sommes. Pour arriver à ce but, les quatre Premières nations hôtes sont fières d'avoir invité des artistes inuits, métis et des Premières nations, de partout au Canada, à participer au Programme d'arts autochtones aux sites de Vancouver 2010 et à exposer ces magnifiques œuvres d'art au sein des territoires traditionnels des quatre Premières nations hôtes.

Les valeurs traditionnelles font partie de ces œuvres autochtones qui s'inspirent des Jeux olympiques et paralympiques d'hiver. Selon la tradition des quatre Premières nations hôtes, on place des figures d'accueil au sein d'un territoire pour accueillir les visiteurs de partout. Pour rendre honneur à cette tradition, des œuvres d'accueil orneront les 15 sites des Jeux dans le cadre du Programme d'arts autochtones aux sites de Vancouver 2010. Grâce à la variété des talents que l'on retrouve au sein des nations, on a créé une collection d'œuvres d'art éblouissantes qui, bien qu'elles ne soient pas des figures d'accueil traditionnelles, serviront à accueillir

and respecting all peoples of the world. It is a Coast Salish term of respectful address, whose use and spelling varies according to the region in which it is used. But its core meaning is clear: Respect. Both the Vancouver 2010 Venues' Aboriginal Art Program and this book pay respect to the artists who have the responsibility of telling the story of Aboriginal diversity; to the visitors, by sharing these artists and their talent, and to an event that brings together people from all over the world. Respect is core to the Olympic values — and to Aboriginal values.

In an unprecedented engagement of Aboriginal participation for the Vancouver 2010 Olympic and Paralympic Winter Games, Aboriginal people are full partners in every aspect of the Games, from planning to implementation. For the first time in Olympic history, the Four Host First Nations are full partners in the world's premier sporting event in honour of an event being held on their traditional and shared traditional territories: Lil'wat, Musqueam, Squamish and Tsleil-Waututh First Nations. The images in this book stand as a living symbol of that success.

les invités depuis un endroit important à chacun des sites. Le titre du présent ouvrage s'inspire aussi des traditions salish. Pour bon nombre de personnes, le titre *O Siyam* rappelle la chanson de Susan Aglukark intitulée *O Siem*, un chant au sujet du respect et de l'honneur que méritent tous les peuples du monde. Il s'agit d'un mot de respect utilisé par les peuples salish du littoral et dont la graphie varie selon la région. Par contre, sa signification est claire : le respect. Le Programme d'arts autochtones aux sites de Vancouver 2010 et le présent ouvrage offrent d'importantes marques de respect envers les artistes qui sont responsables de raconter l'histoire de la diversité autochtone aux visiteurs en montrant leurs talents et à l'occasion d'un événement qui rassemble des personnes de partout dans le monde. Le respect est au cœur des valeurs olympiques et des valeurs autochtones.

À l'occasion des Jeux olympiques et paralympiques d'hiver de 2010 à Vancouver, on prévoit une participation autochtone sans précédent. Cela signifie que les peuples autochtones sont des partenaires à part entière, de la planification aux activités d'exécution. Pour la première fois de l'histoire olympique, les quatre Premières nations hôtes, c'est-à-dire les Premières nations Lil'wat, Musqueam, Squamish et Tsleil-Waututh, sont des partenaires à part entière en ce qui concerne l'organisation de l'événement sportif le plus important du monde, un événement qui aura lieu sur leurs territoires traditionnels partagés. Les images que présente le présent ouvrage seront à jamais un symbole de cette réalisation importante.

Tewanee Joseph
CEO, Four Host First Nations Society
Président-directeur général, Société des quatre Premières nations hôtes

ABORIGINAL ARTISTIC EXPRESSIONS OF THE TRADITIONAL AND THE CONTEMPORARY AT THE 2010 WINTER GAMES

EXPRESSIONS ARTISTIQUES AUTOCHTONES D'ASPECT TRADITIONNEL ET CONTEMPORAIN AUX JEUX D'HIVER DE 2010

GERALD McMASTER

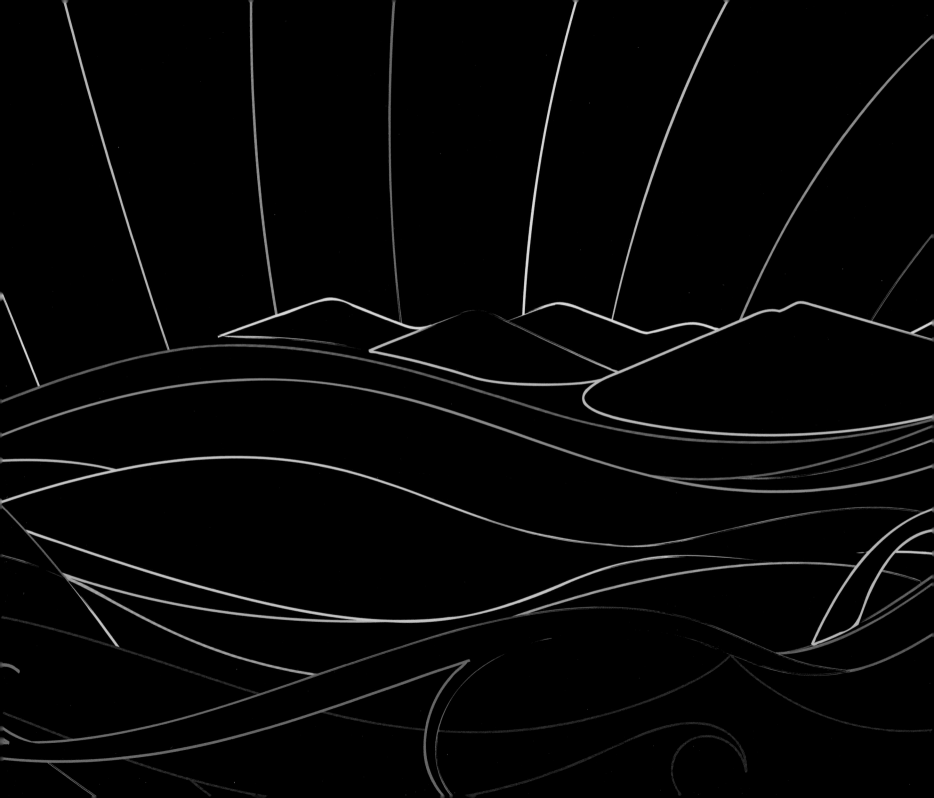

Art and sport are ancient traditions in every culture, with themes that resonate and overlap: individual effort and talent, courage and heroism, stories celebrated throughout society. Artist and athlete strive to do their best, producing work that will have a public impact and leave a legacy. Both disciplines require years of training and each brings its own rewards — some fleeting, others enduring. The art of Aboriginal peoples, of course, predates the modern-day Olympic Games; yet both art and sport evolve with succeeding generations: athletes receive training facilities while artists acquire newer tools of artistic possibility. Yet, whether you're an artist or athlete, distinctiveness of one's performance or expression always stands out. As an artist or athlete, we might ask ourselves, "How will I celebrate my legacy from this moment?" "What does this moment mean and how will I represent it?"

Bordered by mountains and sea, Vancouver is built within the land's contours. The Games venues are situated on the traditional territories of the Salish, home to four First Nations: the Lil'wat, Musqueam, Squamish and Tsleil-Waututh, known as the Four Host First Nations of the 2010 Winter Games. Vancouver has produced some of the world's finest artists including Jeff Wall, Rodney Graham, Ken Lum, Bill Reid and Brian Jungen, but it is also the centre for a style of art that predates the city, the province or the country — a style of art with an ancient trajectory that continues into the present. This art is simply called Northwest Coast. Visitors to Vancouver will see works of Northwest Coast art alongside new works from contemporary Aboriginal artists from every province and territory in Canada. In the spirit of welcome and celebration, these inspired and inspiring works are on display throughout the city and region hosting the Games.

L'art et le sport sont des traditions anciennes présentes dans toutes les cultures avec des thèmes qui en émanent et se recoupent, notamment l'effort individuel et le talent, le courage et l'héroïsme et des histoires célébrées dans la société. L'artiste et l'athlète s'efforcent de donner le meilleur d'eux-mêmes dans le but de donner un résultat qui aura un effet public et qui laissera un héritage. Les deux disciplines nécessitent des années de formation et d'entraînement et de chacune d'elles découle une récompense distincte, parfois fugace, parfois durable. Bien entendu, l'art des peuples autochtones a précédé les Jeux olympiques modernes, pourtant l'art et le sport évoluent tout de même de génération en génération : les athlètes ont accès à des installations d'entraînement, tandis que les artistes obtiennent de nouveaux outils qui leur ouvrent de nouvelles possibilités artistiques. Cependant, autant l'artiste que l'athlète se démarque par son rendement ou son expression. Comme artiste ou athlète, on peut se demander : « Comment vais-je célébrer mon héritage de ce moment? », « Que signifie ce moment et comment vais-je le représenter? ».

Entourée de montagnes et de l'océan, on a construit Vancouver conformément aux limites du paysage. Les sites des Jeux se trouvent dans le territoire traditionnel des Salish, le berceau de quatre Premières nations : Lil'wat, Musqueam, Squamish et Tsleil-Waututh, que l'on appelle les quatre Premières nations hôtes des Jeux d'hiver de 2010. Vancouver a vu naître certains des meilleurs artistes du monde, notamment Jeff Wall, Rodney Graham, Ken Lum, Bill Reid et Brian Jungen. La ville représente aussi le centre d'un style artistique qui précède la ville, la province, voire même le pays; un style d'art par lequel la trajectoire ancienne se perpétue dans le présent. Cet art se nomme simplement l'art de la côte nord-ouest. Les visiteurs de Vancouver pourront voir les œuvres d'art de la côte nord-ouest aux côtés des œuvres réalisées par des artistes autochtones contemporains provenant de toutes les provinces et de tous les territoires du Canada. Dans un esprit d'accueil et de célébration, on présentera ces œuvres inspirées et inspirantes partout dans la ville et la région hôte des Jeux.

Ne nous laissons cependant pas porter à croire que les artistes autochtones ont toujours bénéficié d'une telle visibilité sur la scène artistique internationale. Le manque de visibilité représente une partie importante de l'histoire des artistes. Évidemment, la couleur de l'art

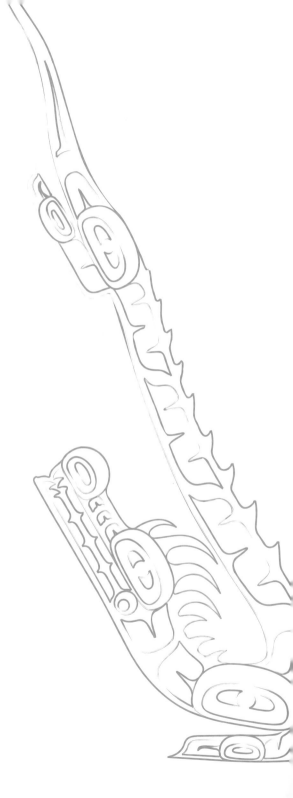

But let's not get carried away by thinking that Aboriginal artists have always enjoyed such prominence in the art world. Obstacles to visibility are an important part of the artists' story. Granted, the complexion of Canadian art has been changing over the last decade. Canadian institutions have become more fluid in their definitions of Canadian art. For the first time, questions are being asked such as, how have postmodernism, post-structuralism and post-colonialism helped to redefine Canadian art? Is there a single narrative to describe Canadian art? In a country as large and diverse as Canada this last question is problematic. Art historians, critics and curators have historically failed to take into account the various art forms produced by Aboriginal cultures.

In trying to define common characteristics among Aboriginal artistic traditions, how do you account for cultures that have never had a term meaning "art"? This abstract concept of separating ideas into specific definitions was not the discursive practice of Aboriginal cultures. The western and modern structure of thought about "truth," "beauty," and "justice" has no equivalent articulation in any Aboriginal culture. Instead, the intellectual frameworks for various cultures are vastly different from western principles. The philosophical foundation for the majority of Aboriginal cultures is based on the land. This idea can be somewhat misleading in its reference, suggesting that "land" refers to the ground we walk on. Here, the land is a much larger and more complex concept. The idea of land encompasses the land itself — what's beneath it, the sky above and beyond; in other words, the entire universe and what extends beyond it.

Another challenge is to locate Aboriginal art in a common sense of temporality. Today, Aboriginal people face a shifting sense of identity, fighting the stereotype that they exist only in the past; the test is in trying to maintain a strong connection to tradition while acknowledging existence in the modern world. This is a fundamental concern faced by many Aboriginal contemporary artists; often inspired by visual traditions, they readily express themselves in modern media, yet strive to maintain their Aboriginal principles and philosophies.

canadien a changé au cours de la dernière décennie. Les institutions canadiennes sont devenues plus fluides dans leur définition de l'art canadien. Pour la première fois, on pose des questions telles « En quoi le post-modernisme, le post-structuralisme et le post-colonialisme ont-il aidé à redéfinir l'art canadien? », « Existe-t-il une seule définition pour décrire l'art canadien? ». Dans un pays aussi vaste et diversifié que le Canada, cette dernière question est problématique. Historiquement, les historiens de l'art, les critiques et les conservateurs n'ont jamais pris en compte les diverses formes d'art créées dans les cultures autochtones.

En essayant de définir des caractéristiques communes parmi les traditions artistiques autochtones, comment prendre en considération des cultures pour qui le mot « art » est encore inconnu? Ce concept abstrait se voulant de diviser les idées en des définitions précises n'était pas une pratique discursive dans les cultures autochtones. La structure de pensée moderne et occidentale concernant la « vérité », la « beauté » et la « justice » n'a aucune articulation équivalente dans la culture autochtone. Les lignes de pensées intellectuelles de diverses cultures sont quant à elles très différentes des principes occidentaux. Le fondement philosophique de la majorité des cultures autochtones varie selon la terre. Cette idée peut mener à des malentendus si l'on concède que la terre réfère au sol sur lequel nous marchons. Dans notre optique, le concept de la terre se veut bien plus grand et complexe. L'idée de la terre englobe la terre même, ce qui se trouve sous elle, le ciel et bien au-delà; en d'autres mots, l'univers complet et tout son prolongement.

Un autre défi tient du fait qu'il faut localiser l'art autochtone dans un sens commun temporel. Aujourd'hui, les peuples autochtones font face à un changement d'identité; ils doivent combattre le stéréotype voulant que les peuples ne vivent que dans le passé. La difficulté tient du fait que les Autochtones doivent tenter de conserver un lien solide avec les traditions tout en reconnaissant l'existence du monde moderne. Il s'agit-là d'une préoccupation fondamentale que vivent beaucoup d'artistes contemporains autochtones qui sont souvent inspirés par les traditions visuelles, mais qui communiquent leur art par l'intermédiaire de médias modernes, tout en s'efforçant de conserver leurs principes et leurs philosophies autochtones.

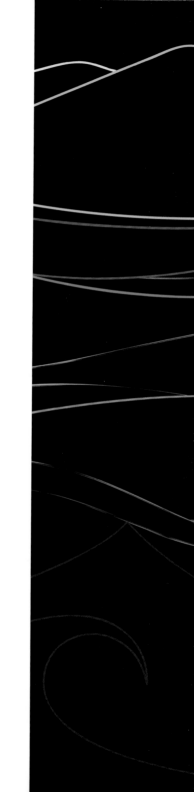

It is important to consider the role of culture in both the creation and experience of art. The way we see is determined by our culture; conversely that culture is determined through seeing. Our first understanding of a work of art is always through the filter of the culture we know — our cultural benchmark. In approaching Aboriginal art, we must bear in mind that cultural benchmarks will often be very different between artist and audience. While the art represents one way of seeing, the way in which the work is perceived represents a potentially different way of seeing. Art lives in that space in between.

The growth and development of Northwest Coast art has undergone three influential waves and we are approaching a fourth.

The first wave was the ancient cultural environment within which artistic production was actively encouraged. In this environment, artists produced massive totem poles, inspired masks, magical boxes, impressive canoes and delicate rattles for themselves and their families, or for wealthy patrons such as chiefs preparing for the ancient tradition of the potlatch.[1] The forests provided an abundance of material, and the imagination of the artists was stimulated by their ongoing attempts to express the world around them. This richly creative culture was also rooted in practicality. There was no need to keep objects if they failed to be functional — they were simply returned to the earth. This wave lasted until the late 19th century.

The second influential wave overlaps the first with the arrival of Europeans seeking souvenirs. Sometimes the owners of certain objects would give or sell works because they realized they could commission new pieces from local artists for their own use. Where the Aboriginal owners knew their objects' purpose, the visitors simply saw an object — a thing of beauty and interest. New opportunities opened up for artists in an emerging market

Il est important de considérer le rôle de la culture autant dans la création que dans l'expérience de l'art. Notre culture dicte notre façon de voir, et réciproquement, la façon de voir guide la culture. La première compréhension d'une œuvre d'art varie vraisemblablement en fonction du filtre de la culture que nous connaissons, soit nos références culturelles. En apprenant à connaître l'art autochtone, on doit se souvenir que les références culturelles sont souvent très différentes entre les artistes et le public. Tandis que l'art représente une façon de voir les choses, la façon dont l'œuvre est perçue peut être tout à fait différente. L'art vit dans l'espace qui se trouve entre ces deux concepts.

L'évolution et la progression de l'art de la côte nord-ouest a subi trois vagues d'influence et nous nous apprêtons à en vivre une quatrième.

La première vague a été l'ancien environnement culturel dans lequel on encourageait fortement la création artistique. Dans cet environnement, les artistes créaient des immenses mâts totémiques, des masques inspirés, des boîtes magiques, des canots impressionnants et de délicates crécelles pour eux-mêmes, leur famille ou de riches maîtres comme des chefs qui se préparaient à l'ancienne tradition du potlatch.[1] On trouvait dans la forêt une multitude de matière, et l'imagination des artistes était stimulée par leurs tentatives continues d'exprimer le monde autour d'eux. Cette culture riche sur le plan artistique était aussi guidée par l'aspect pratique. On ne conservait aucun objet si ce dernier n'avait pas une utilité quelconque; on le retournait simplement à la terre. Cette vague s'est poursuivie jusqu'à la fin du 19e siècle.

La deuxième vague d'influence a chevauché la première avec l'arrivée des Européens à la recherche de souvenirs. À l'occasion, les propriétaires de certains objets donnaient ou vendaient des œuvres, car ils réalisaient qu'ils pouvaient ainsi en commander de nouvelles auprès des artistes locaux, pour leur usage personnel. Bien que les propriétaires autochtones voyaient la raison d'être précise des objets, les visiteurs ne voyaient qu'un bel objet intéressant. De nouvelles possibilités se sont manifestées pour les artistes lorsque le marché en pleine croissance a vu les gens se diriger directement dans les communautés. Dans les villes comme Vancouver, Victoria et Seattle, on a alors ouvert des boutiques spécialisées qui n'offraient que

where people would travel directly to communities. Specialty shops selling Indian curios opened in cities such as Vancouver, Victoria and Seattle. These shops would stock up on huge quantities of Aboriginal works for sale to eager buyers. It was during this time — from the 1880s to the 1950s — that the Canadian federal government effectively outlawed the potlatch. The potlatch was the Aboriginal cultural imperative that powered the creative milieu. Without a sustainable environment, artists no longer created for local cultural use; they now saw the souvenir market as the safest, and at the time, the only legitimate opportunity to maintain an artistic practice. During this disastrous period, the production and quality of work took a steep dive. The cultural memory had been effectively shut down and along with it the traditional system of an artistic education.

The third wave is now ending, at the beginning of the 21st century. This wave is characterized by the recovery of the ancient cultural memory that was nearly obliterated. It began in the early 1950s when institutions such as the Museum of Anthropology at the University of British Columbia (UBC) and the Royal BC Museum hired artists including Bill Reid, Mungo Martin, Tony Hunt Sr. and Tony Hunt Jr., and Douglas Cranmer to replicate objects, such as totem poles and big houses that were deteriorating, inside and outside museums. These museum initiatives helped revive and reawaken dormant cultural memories. Interestingly, artists weren't just producing for new markets but were once more creating pieces for traditional purposes for hometown communities. Over the next several decades both ancient and contemporary Aboriginal art made an international impact. Major exhibitions were produced, scholarly books written and auction houses found new works in private collections around the world to sell to eager buyers. Artists were greeted by major commissions. Meanwhile, the First Nation communities of BC introduced the idea of repatriating objects from museums around the world.

des articles indiens. On retrouvait dans ces boutiques de grandes quantités d'œuvres autochtones que l'on vendait aux acheteurs intéressés. C'est durant cette période, des années 1880 aux années 1950, que le gouvernement fédéral du Canada a interdit le potlatch. Le potlatch était une réalité culturelle autochtone qui alimentait le milieu créatif. Sans un environnement durable, les artistes ont cessé de créer à des fins d'usages culturelles locales; ils voyaient alors le marché des souvenirs comme un marché sûr, et à l'époque, il s'agissait de la seule occasion légitime de perpétuer la pratique artistique. Durant cette période désastreuse, la production et la qualité des œuvres sont tombées en chute libre. On avait vraisemblablement éteint la mémoire culturelle et avec elle, le système traditionnel d'une éducation artistique.

La troisième vague d'influence tire maintenant à sa fin, au début du 21e siècle. Elle peut se caractériser par la récupération des souvenirs culturels qui avaient presque été anéantis. La vague a commencé au début des années 1950, lorsque des institutions comme le Musée d'anthropologie de la University of British Columbia et le Royal British Columbia Museum ont embauché des artistes, notamment Bill Reid, Mungo Martin, Tony Hunt Sr. et Tony Hunt Jr. ainsi que Douglas Cranmer, pour reproduire des objets tels que des mâts totémiques et des grandes maisons qui se détérioraient à l'intérieur et à l'extérieur des musées. Les initiatives de ces musées ont contribué à la renaissance de souvenirs culturels endormis. Il est intéressant de constater que les artistes ne créaient pas des pièces seulement destinées aux nouveaux marchés mais qu'ils produisaient de nouveau des œuvres qui serviraient à des fins traditionnelles pour les communautés locales. Au cours des quelques décennies qui ont suivi, l'art autochtone traditionnel et contemporain a eu un effet à l'échelle internationale. On a monté d'importantes expositions et écrit des manuels scolaires, et les maisons d'encan ont trouvé de nouvelles œuvres au sein des collections privées du monde entier afin de les vendre à des acheteurs très intéressés. On a déposé d'importantes commandes auprès des artistes tandis que les communautés des Premières nations de la Colombie-Britannique ont présenté l'idée de rapatrier les objets éparpillés dans les musées aux quatre coins du monde.

We are now entering a fourth wave, one that might be characterized as an era of confidence in which artists have become adept at working in the business of art. Artists are in demand to create public art for such places as aquariums, airports, parks, castles, plazas, museums and embassies. Aboriginal art is now recognizable and visible to a much greater extent, at home and abroad. Special works are often commissioned to commemorate or celebrate national events. For instance, for the 1994 Commonwealth Games in Victoria, BC, artists from the Northwest Coast provided a visual presence, with carving poles, batons and medals.

The artistic development in other parts of the country had a similar history to that of the Northwest Coast artists. The most significant cultural event for many First Nations was Expo '67, hosted in Montreal, which celebrated the centennial year of Canadian Confederation. For the first time, First Nations artists and politicians came together from across Canada to assert their Aboriginal identity. The Indians of Canada Pavilion was their venue. It was a vital moment for Canada because in the eyes of the world, the country had to be seen as successful and developed, as a nation that acknowledged Indians as equal and distinct members of society. First Nations artists such as Norval Morrisseau, Carl Ray, Alex Janvier, Henry Hunt, George Clutesi, Robert Davidson, Noel Wuttunee and Tom Hill received commissions to paint murals and panels on the façade of the pavilion. The artists responded with enthusiasm and confidence, and their artistic expression came to be seen as modern and sophisticated, speaking to an international community about who they were, where they came from, and where they were going.

On entre actuellement dans une quatrième vague que l'on pourrait considérer comme une ère de confiance, où les artistes sont devenus adeptes de la commercialisation de l'art. On demande aux artistes de créer des œuvres d'art public pour différents endroits comme des aquariums, des aéroports, des parcs, des châteaux, des places publiques, des musées et des ambassades. Aujourd'hui, l'art autochtone est beaucoup plus reconnaissable et visible, et ce, régionalement et internationalement. On commande fréquemment des œuvres spéciales dans le but de commémorer ou de célébrer des événements nationaux. Par exemple, à l'occasion des Jeux du Commonwealth de 1994 qui ont eu lieu à Victoria, en Colombie-Britannique, des artistes de la côte nord-ouest ont fourni une présence visuelle aux Jeux à l'aide de poteaux, de bâtons et de médailles sculptés.

Dans d'autres parties du pays, le développement artistique a emprunté une trajectoire similaire à celle des artistes de la côte nord-ouest. Pour bon nombre de membres des Premières nations, l'événement culturel le plus important a été Expo 67 à Montréal, qui a célébré le centenaire de la Confédération canadienne. Pour la première fois, des artistes et des politiciens de Premières nations originaires de différents endroits au pays se sont réunis dans le but d'affirmer leur identité autochtone. Le pavillon Indiens du Canada leur a servi de domicile. Ce moment a été vital pour la nation puisqu'aux yeux du monde, le Canada devait être perçu comme un pays fructueux et développé ainsi que comme une nation reconnaissant les « Indiens » comme des membres de la société égaux et distincts. Les artistes de Premières nations, notamment Norval Morrisseau, Carl Ray, Alex Janvier, Henry Hunt, George Clutesi, Robert Davidson, Noel Wuttunee et Tom Hill, ont reçu des commandes pour peindre des murales et des panneaux situés sur la façade du pavillon. Les artistes en question ont répondu avec enthousiasme et confiance, et l'expression de leur art a été perçue comme moderne et sophistiquée. À travers cette expression, ils ont informé la communauté internationale de leur identité, de leur passé et de leur avenir.

Un deuxième événement important est survenu et bien que celui-ci ne concernait pas les artistes autochtones contemporains, on pouvait tout de même ressentir leur présence. Pendant les Jeux olympiques d'hiver de 1988, l'exposition *Le souffle de l'esprit* du Glenbow Museum de Calgary a modifié de façon frappante la perception

A second significant event didn't involve Aboriginal contemporary artists, though their presence was still felt. During the 1988 Olympic Winter Games, the exhibition *The Spirit Sings*, at Calgary's Glenbow Museum, dramatically changed the way Canadians viewed the relationship between Aboriginal people and museums. The world was moved by a small band of northern Alberta Cree who were being displaced. The media saw in the Cree a story; the Cree saw in the media the medium. Together they combined to energize the museum community. The artists, whose identity had always been safe in museums, now assumed a greater discursive stance — not just in museums but in the art world as well.

Aboriginal contemporary artist Rebecca Belmore, best known for her performance and installation works, created a work called *Artifact #671B*, visible along the torch relay route in Thunder Bay, Ontario, in which she presented herself as an artefact framed within a boxed structure. Belmore's work brought her some attention as a political work; and just maybe it will have such a distinction as being the only one within memory to do so. This may be the first such work that explicitly critiques a particular museum and is supported by other Aboriginal people.

The Artists of the Vancouver 2010 Venues' Aboriginal Art Program

The artists of the Northwest Coast have some common forms, symbols and narratives. Spindle whorls are an ancient art form of the Coast Salish. As a form, the circle becomes the ground on which artists place their designs. These forms can vary from simple minimalism to abstraction; bird, animal and human shapes provide extraordinary design opportunities. The most senior leading artist among the Coast Salish, Susan Point, has revolutionized this art form through various interpretations, with major installations in Vancouver, as well as Washington, DC.

canadienne des relations entre les peuples autochtones et les musées. Le monde entier a été ému par une petite bande de Cris du Nord de l'Alberta forcée à déménager. Les médias ont vu les Cris et ont compris le potentiel rédactionnel qui se cachait derrière eux; les Cris ont perçu le médium dans les médias. Ces deux groupes se sont alliés afin d'alimenter la communauté du musée. Les artistes, dont l'identité avait toujours été protégée dans les musées, ont alors adopté une position discursive au sein de ces établissements, mais aussi auprès de la communauté artistique.

L'artiste autochtone contemporaine Rebecca Belmore, mieux connue pour l'exécution de ses œuvres et de ses installations, a créé une œuvre nommée *Artifact #671B* que l'on peut voir à Thunder Bay, en Ontario, où est passé le relais de la flamme. Dans cette œuvre, elle s'est présentée comme un artéfact encadré dans une structure caissonnée. On a porté attention à l'œuvre de Mme Belmore en raison de ses qualités politiques, et peut-être que la pièce aura l'honneur d'être la seule de l'histoire à le faire. Cette œuvre est possiblement la première en son genre à critiquer ouvertement un musée en particulier, tout en ayant l'appui d'autres Autochtones.

Les artistes du Programme d'arts autochtones aux sites de Vancouver 2010

Les artistes de la côte nord-ouest utilisent des formes, des symboles ainsi que des techniques de narration similaires. Les fusaioles sont une ancienne forme d'art salish du littoral. Comme forme, le cercle devient le sol sur lequel les artistes posent leurs créations. Ces formes peuvent être très minimalistes ou encore abstraites; les formes de l'oiseau, de l'animal et de l'homme offrent de grandes possibilités de création. Susan Point est la plus ancienne artiste principale des Salish du littoral. Elle a révolutionné cette forme d'art grâce à différentes interprétations, notamment des installations importantes à Vancouver et à Washington D.C.

Une génération plus jeune d'artistes de la côte nord-ouest travaille avec des fusaioles. Pour ses fusaioles, Aaron Nelson-Moody s'inspire des formes d'autrefois en leur donnant une très grande taille. Il place cinq formes de béton blanc, tout près les unes des autres, au lieu d'une seule. Les fusaioles nous paraissent être des antennes paraboliques modernes qui suggèrent un lien étroit entre le soleil et la vie animale aquatique. Parallèlement,

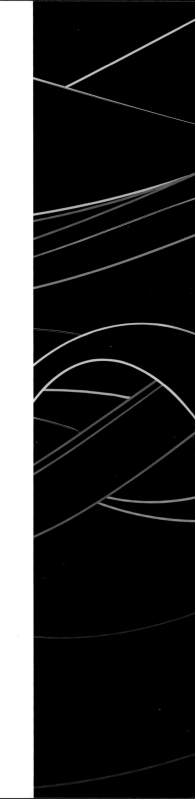

A younger generation of Northwest Coast artists is working with spindle whorls. Aaron Nelson-Moody's spindle whorls draw on the ancient form by enlarging them to an immense size. Instead of one, he positions five white concrete forms near each other. They appear before us like modern-day satellite dishes, suggesting a close relationship between the sun and animal life in the water. As well, Brent Sparrow's starburst-like spindle whorl is unlike traditional wooden forms: he uses stainless steel, which will not deteriorate. Between large rays of the sun small circular heads appear that echo the large central face.

Susan Point led a large contingent of young artists in the creation of site-specific works for the 2010 Winter Games. Like all great Northwest Coast artists, her work can be easily adapted to the form on which it is positioned. In this case, her reliefs sit within large concrete runnels. Michael Nicoll Yahgulanaas's recycled car parts in bird form, covered with manga-inspired work, cross with Northwest Coast imagery to create whimsical works with unexpected results. Liz Carter takes the idea of the *copper*[2] — a traditional status symbol of wealth for high-ranking people — and places one over a copper weaving to create a fascinating visual effect. In cultural terms, the cultural understanding of the material brings a wealth of meaning to this work. Tim Paul and Rodney Sayers begin with the concept *Hupakwanum*, meaning treasure box. In their vertical layers of glass boxes we see what this treasure could be: it is what lives in the sky, earth and sea; it is what gives humankind life and meaning.

The Salish artists have taken, as their base expression, their aesthetic tradition. For example, Thomas Cannell draws on the unequivocal power of the thunder, lightning and sun in his monumental wood sculpture. Connecting the sky to the earth is the image of the bird soaring over the waters as if drawing energy from the salmon. The symmetry rendered by Cannell reminds us of the ancient aesthetic. Another image of welcome is Wade Baker's

la fusaïole étoilée de Brent Sparrow diffère des formes de bois traditionnelles; il utilise de l'acier inoxydable, un matériau qui ne se détériore pas. Entre les grands rayons de soleil, de petites têtes rondes apparaissent et rappellent le large visage central.

Susan Point a guidé une importante délégation de jeunes artistes dans le cadre de la création d'œuvres propres à des sites pour les Jeux d'hiver de 2010. Comme tous les grands artistes de la côte nord-ouest, elle peut aisément adapter son travail à la forme qui lui servira de canevas. Dans le cas présent, ses différents reliefs se trouvent au sein de larges rigoles de béton. Les pièces d'auto recyclées en forme d'oiseau de Michael Nicoll Yahgulanaas, recouvertes d'art inspiré des bandes dessinées japonaises, sont mélangées à des images de la côte nord-ouest afin de créer des œuvres de fantaisie dont le résultat est imprévu. Liz Carter opte pour l'utilisation de *cuivre*[2] — un symbole culturel de statut qui indique la richesse chez les gens de la haute société — qu'elle place au-dessus d'un entrecroisement de cuivre dans le but de créer un effet visuel fascinant. En termes traditionnels, la compréhension culturelle du matériau utilisé apporte une grande signification à cette œuvre. L'œuvre de Tim Paul et de Rodney Sayers part du concept *Hupakwanum*, un mot qui signifie boîte aux trésors. À travers leurs couches verticales de boîtes de verre, on voit ce que le trésor pourrait être : il s'agit de ce qui vit dans le ciel, sur la terre et dans la mer; ce qui donne vie et sens aux humains.

Les artistes salish se sont servis de leur tradition esthétique comme source d'expression. Par exemple, dans sa sculpture monumentale de bois, Thomas Cannell tient son inspiration de la puissance sans équivoque du tonnerre, de la foudre et du soleil. L'image de l'oiseau qui survole les eaux et qui puise son énergie du saumon sert à représenter le lien entre le ciel et la terre. La symétrie de l'œuvre de M. Cannell nous rappelle l'esthétique de l'art ancien. L'œuvre *North Star* de Wade Baker est une autre image d'accueil. Encadrée par le symbole de la feuille d'érable canadienne, l'étoile bergère de l'hémisphère Nord orientera tout le monde vers le Canada, la région du Lower Mainland et Whistler, en Colombie-Britannique. Dans son œuvre d'accueil, Norman George marie l'art traditionnel et l'art contemporain en utilisant le ski acrobatique et

North Star. Framed by the symbol of the Canadian maple leaf, the guiding star of the northern hemisphere will direct everyone to Canada and BC's Lower Mainland and Whistler. Norman George brings together the traditional with the contemporary in his welcome work, where he takes snowboarding and freestyle skiing, and combines them with images of the wolf to humorous effect. In the local tradition, the wolf symbolizes the properties of hunter, provider and protector of family and territory. In a work that recalls Isamu Noguchi's 1968 *Red Cube*, in New York City, Rosalie Dipcsu's tilted cube depicts the traditional lands of her people; Olympic figures in various sporting events complete the story.

Moving east toward the Prairies, we encounter a space of land and sky, where the wind is an invisible constant that is rarely appreciated. Lead artists Colleen Cutschall and Irvin Head, and a collaborative group, draw inspiration from the rapacious bird — a cultural hero to a number of Aboriginal cultures. The communal nature of the bird is depicted in almost human character that is a perfect foil for their collaborative partnership. Jason Baerg and Kevin McKenzie draw on the *communitas* of the wolf and the Métis people, depicted with the infinity symbol. It is an ideal symbol for both animal and human as a way to suggest their eternal coexistence.

The Great Lakes region is home to artists who draw on a visual tradition involving deceptive unseen forces that might appear creepy to the uninitiated. Stephen Peltonen draws inspiration from the late, great artist Norval Morrisseau and the Woodland style of painting.[3] Similarly, Donald Chrétien draws on the Woodland style with his work featuring images in reference to ancient narratives; in this case, the Turtle on whose back the Earth was formed, with the tree of knowledge sprouting from its back.

The Canadian Maritime artists Dozay (Arlene) Christmas and Alan Syliboy led a group of artists to create a large abstract-like work called *L'nu*, translated as "the people," that is actually an ancient orthographic sign found in old Mi'kmaq hymn books. The eventual work is a perfect sign for this community of creation. Marjorie Paul's large work draws on her basketry heritage with a highly symbolic piece that represents Aboriginal North America.

surf des neiges et en les combinant avec les images du loup pour créer un effet humoristique. D'après la tradition locale, le loup représente les qualités du chasseur, de la personne qui subvient aux besoins et du gardien de la famille et du territoire. Le cube incliné de Rosalie Dipcsu, une œuvre qui rappelle la création *Red Cube* 1968 d'Isamu Noguchi, à New York, représente les terres traditionnelles de son peuple. Différentes images de sports olympiques viennent compléter l'histoire.

Vers l'est, dans les Prairies, on se trouve dans un espace de terre et de ciel, là où le vent est une constante invisible que l'on n'apprécie guère. Les artistes principaux Colleen Cutschall et Irvin Head, ainsi qu'un groupe de collaborateurs, s'inspirent de l'oiseau vorace, un héros culturel dans de nombreuses cultures autochtones. L'esprit communautaire qui anime l'oiseau est représenté par un personnage presque humain, soit le moyen parfait de faire valoir le partenariat de collaboration. Jason Baerg et Kevin McKenzie s'inspirent de la communitas du loup et du peuple métis, représentés par le symbole de l'infini. Il s'agit du symbole idéal de l'animal et de l'humain pour représenter leur coexistence éternelle.

Dans la région des Grands lacs, on trouve des artistes qui s'inspirent d'une tradition visuelle qui comprend des forces invisibles trompeuses qui peuvent effrayer les étrangers. Stephen Peltonen s'inspire de l'artiste légendaire, Norval Morrisseau et du style de peinture des Indiens des bois[3]. Donald Chrétien s'inspire aussi du style des Indiens des bois dans son œuvre qui met en valeur des images représentant des récits anciens comme la légende de la tortue. Ce récit raconte la genèse de la Terre sur la carapace de la tortue où pousse l'arbre de la connaissance.

Les artistes canadiens des Maritimes Dozay (Arlene) Christmas et Alan Syliboy ont formé un groupe d'artistes pour créer une œuvre abstraite à grande échelle intitulée *L'nu*, ce qui signifie « le peuple ». Il s'agit d'un ancien symbole orthographique que l'on trouvait dans les textes micmacs. L'œuvre finale est un symbole parfait pour cette communauté de création. La grande œuvre de Marjorie Paul s'inspire du patrimoine de vannerie de l'artiste, mis en valeur dans cette pièce qui représente l'Amérique du Nord autochtone.

Artists participating from the North include residents of the Yukon, Western Arctic and Nunavut. Interestingly, the Official Emblem of the Vancouver 2010 Olympic Winter Games — the welcoming design selected to represent all of Canada — is the inukshuk. This iconic marker now takes on new cultural and political meaning. Indeed, the challenge of choosing a single image to represent so many things to so many people runs many risks. In the end, the seemingly apolitical image of the inukshuk continues to appear in cities, along river banks, almost anywhere humans seem to want to pile stones. It is a singular image that brings joy to everyone.

In the North, where the tradition of tapestries is now well known, the community of Pangnirtung with its artists from the four Inuit regions — Dinah Anderson, Mabel and Louie Nigiyok, Sammy Kudluk and Andrew Qappik — has come together with work that reflects its athletic heritage in landscapes that show life can be enjoyed in these extreme climates. The realistic quality of the work of northern artists follows the graphic tradition of printmaking. From the Western Arctic region of Inuvialuit comes Inuk (aka Brendalynn Trennert) with a work in the ancient medium of caribou hair tufting, a craft practiced only in these northern parts. Traditionally, craftspeople created floral patterns, but Inuk uses a genteel form of realism with plants, animals and humans. Dean Heron from Yukon creates a large work, taking on an Immants Tiller-like approach in his use of the small, square canvas in a wonderful work that marries traditional Tlingit design with a modern reference to snowboarding.

Parmi les artistes participants originaires du Nord, notons des résidants du Yukon, de l'Arctique de l'Ouest et du Nunavut. Il est intéressant de constater que l'emblème officiel des Jeux olympiques d'hiver de 2010 à Vancouver, le symbole d'accueil que l'on a choisi pour représenter tout le Canada, est l'inukshuk. Ce symbole reconnu prend maintenant de nouvelles significations culturelles et politiques. En effet, la tâche de choisir une seule image pour représenter tant de choses et de personnes n'est pas sans risque. Enfin, l'image de l'inukshuk sans lien politique apparent perdure et on la trouve dans les villes, le long de rivières, bref dans presque toutes les régions où l'humain semble vouloir empiler des cailloux. Il s'agit d'une image unique qui rend tout le monde heureux.

Au Nord, là où l'on connaît bien la tradition des tapisseries, des artistes de la communauté de Pangnirtung, originaires des quatre régions inuites, Dinah Anderson, Mabel et Louie Nigiyok, Sammy Kudluk et Andrew Qappik, se sont rassemblés et ont créé une œuvre qui représente un patrimoine athlétique grâce à des scènes qui illustrent comment on peut profiter de la vie dans un climat extrême. La qualité réaliste de l'œuvre des artistes du Nord tient sa source de la tradition graphique de gravure. Inuk (alias Brendalynn Trennert), originaire de l'Arctique de l'Ouest, dans la région d'Inuvialuit, a créé une œuvre en se servant de l'ancienne méthode de touffetage, une forme d'art que l'on ne pratique que dans les régions du Nord. Autrefois, les artisans créaient des motifs de fleurs mais Inuk a pris une approche raffinée au réalisme, y compris des plantes, des animaux et des personnes. Dean Heron, du Yukon, a créé une œuvre à grande échelle qui rappelle la création de l'artiste Imants Tiller grâce à son utilisation d'une petite toile carrée au sein d'une œuvre spectaculaire qui marie des motifs traditionnels des Tlingit et les concepts modernes du surf des neiges.

Conclusion

Aboriginal contemporary art is work being created today, for today and about today. Artists borrow from everywhere. They look at ancient images, forms and techniques with an understanding that what their ancestors had to say continues to have meaning for them — and for us all. None of them wishes us to believe they are located in some mythic past; instead, they understand their realities as energetic practices of today, which offer them an unparalleled range within which to express themselves. These artists will continue to tap into the past to try to make sense of this very complex world. These complexities are as true of reserve communities as they are of urban areas, and contemporary Aboriginal art reflects this. Thus as we see, artists from across Canada have created works of art that unite traditional and contemporary perspectives. The art delivers a message of welcome, of explanation and of revelation not only about the Aboriginal artists who created it, but about all people, for all people.

Bibliography

BRYDON, Sherry. "The Indians of Canada Pavilion." *American Indian Art Magazine 19* (1993).

CRANMER WEBSTER, Gloria. "The Contemporary Potlatch." *Chiefly Feasts: The Enduring Kwakiutl Potlatch.* Ed. Aldona Jonaitis. Seattle: University of Washington Press, 1991. 227-248.

HARRISON, Julia D., et al. *The Spirit Sings: Artistic Traditions of Canada's First Peoples.* Toronto: McClelland & Stewart. Calgary: Glenbow Museum, 1988.

McLUHAN, Elizabeth and Tom HILL. *Norval Morrisseau and the Emergence of the Image Makers.* Toronto: Art Gallery of Ontario, 1984.

Endnotes

1   The contemporary potlatch is described by Kwakwaka'wakw elder Gloria Cranmer Webster, who points out that, "The reasons for giving potlatches are the same as they were in the past — naming children, mourning the dead, transferring rights and privileges, and, less frequently, marriages or the raising of memorial totem poles." (1991:229).

2   A copper is a symbol of surplus wealth, cultural nourishment, conspicuous consumption and spiritual power among the Kwakiutl, the Tsimshian, the Tlingit and the Haida. The idea of the copper was also used as a decorative motif on garments, staffs and crest carvings, where it represented wealth.

3   Stylistically, the Woodland style of painting is characterized by pools of intense colours enclosed by a thick black form line, with figures derived from ancient Mediwiewin scrolls and rock art. Content-wise, Morrisseau preferred representing unseen spiritual forces over ancient myths and legends.

Conclusion

L'art autochtone contemporain se compose d'œuvres que l'on crée aujourd'hui, pour la génération d'aujourd'hui et au sujet d'aujourd'hui. Les artistes s'inspirent de tout. Ils explorent des images, des formes et des techniques de l'art ancien en comprenant que le message que leur transmettaient leurs ancêtres continue d'avoir un sens pour eux et pour nous tous. Aucun de ces artistes n'exprime le désir que nous croyons qu'ils vivent dans un passé mythique. Plutôt, ils perçoivent leurs réalités comme les pratiques dynamiques d'aujourd'hui, ce qui leur permet de s'exprimer grâce à des possibilités beaucoup plus vastes. Ces artistes continueront de se tourner vers le passé pour tenter de trouver le sens de ce monde très complexe. L'art autochtone contemporain représente ces complexités, qu'il s'agisse d'une communauté de réserve ou d'une communauté urbaine. Ainsi, les artistes de partout dans le Canada ont créé des œuvres d'art qui marient les perspectives traditionnelles et contemporaines. L'art offre un message d'accueil, d'explication et de révélation — non seulement en ce qui concerne les artistes autochtones qui ont créé les œuvres, mais en ce qui concerne tous les peuples, pour tous les peuples.

Bibliographie

BRYDON, Sherry. « The Indians of Canada Pavilion », *American Indian Art Magazine 19* (1993).

CRANMER WEBSTER, Gloria. « The Contemporary Potlatch », *Chiefly Feasts: The Enduring Kwakiutl Potlatch.* Ed. Aldona Jonaitis. Seattle, University of Washington Press, 1991, p. 227-248.

HARRISON, Julia D., et coll. *The Spirit Sings: Artistic Traditions of Canada's First Peoples.* Toronto, McClelland & Stewart, Calgary, Glenbow Museum, 1988.

McLUHAN, Elizabeth et Tom HILL. *Norval Morrisseau and the Emergence of the Image Makers.* Toronto, Musée des beaux-arts de l'Ontario, 1984.

Notes

1   Une aînée kwakwaka'wakw, Gloria Cranmer Webster, décrit le potlach contemporain et explique : « Les raisons de tenir des potlatchs sont les mêmes qu'à l'époque, soit pour nommer un enfant, vivre un deuil, transférer des droits et des privilèges et moins souvent, pour des mariages ou pour élever des mâts totémiques commémoratifs » [traduction]. (1991:229)

2   Chez les peuples Kwakiutl, Tsimshian, Tlingit et Haïda, le cuivre est le symbole d'une grande richesse, d'une culture épanouie, d'une consommation ostensible et d'un pouvoir spirituel. On a aussi utilisé le cuivre à des fins ornementales sur des vêtements et des bâtons ainsi que pour la sculpture d'emblèmes où le matériau représente la richesse.

3   Le style de peinture des Indiens des bois se distingue par des bassins de couleurs intenses entourés de lignes de contour noires prononcées et de figures dérivées des textes et des œuvres de roc des Mediwiewin. En ce qui concerne le contenu, M. Morrisseau a préféré représenter les forces spirituelles invisibles plutôt que les mythes et légendes anciennes.

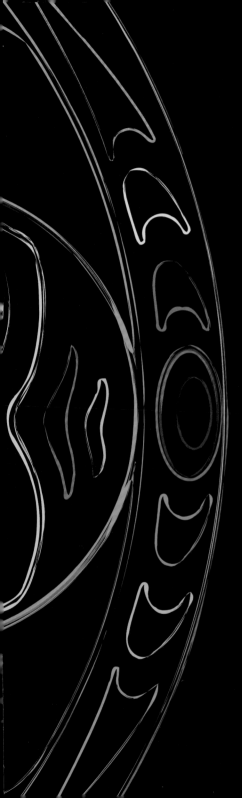

FOUR HOST FIRST NATIONS WELCOME WORKS
OEUVRES D'ACCUEIL DES QUATRE PREMIÈRES NATIONS HÔTES

The Vancouver 2010 Olympic and Paralympic Winter Games will be held in the traditional and shared traditional territories of the Four Host First Nations (FHFN): Lil'wat, Musqueam, Squamish and Tsleil-Waututh.

The traditional territory of the Lil'wat First Nation includes the Whistler area. This area extends from the Rubble Creek watershed in the south to Mammoth Mountain in Ts'yl-os Provincial Park in the north, and from the coastal inlets of the Pacific Ocean in the west to the Upper Stein Valley in the east. The traditional territory of the Musqueam people occupies much of what is now Vancouver, the University of British Columbia Endowment Lands and surrounding areas. Squamish traditional territory includes the Metro Vancouver area, Gibsons Landing and the Squamish River watershed on the west coast of British Columbia. The traditional territory of the Tsleil-Waututh people incorporates urban areas in the south and wilderness watersheds in the north. The land reaches from the Fraser River in the south to Mamquam Lake in the north, near Whistler.

Les Jeux olympiques et paralympiques d'hiver de 2010 à Vancouver se dérouleront sur les territoires traditionnels et partagés des quatre Premières nations hôtes (QPNH) : Lil'wat, Musqueam, Squamish et Tsleil-Waututh.

Le territoire traditionnel de la Première nation Lil'wat comprend la région de Whistler. La région s'étend du bassin hydrologique Rubble Creek au sud jusqu'à Mammoth Mountain, dans le Parc provincial Ts'yl-os, au nord, et des anses côtières de l'océan Pacifique à l'ouest jusqu'à la vallée Upper Stein à l'est. Le territoire traditionnel du peuple Musqueam couvre la majeure partie de ce qui correspond aujourd'hui à Vancouver, aux terrains de la fondation de la University of British Columbia et aux régions environnantes. Le territoire traditionnel de la Première nation Squamish comprend la région métropolitaine de Vancouver, Gibsons Landing et le bassin hydrologique de la rivière Squamish, sur la côte ouest de la Colombie-Britannique. Le territoire traditionnel du peuple Tsleil-Waututh comprend des régions urbaines au sud et des bassins hydrologiques sauvages au nord, et s'étend du fleuve Fraser au sud jusqu'au lac Mamquam au nord, près de Whistler.

Chrystal Sparrow
Musqueam

This carving tells the tale of the killer whale in the Salish Sea. Long ago, a pod of killer whales lived in this sea. The people of the West Coast respected these whales as the greatest of all fishermen. One summer morning, the village chief found the young leader of the pod stranded in a small tidal inlet. The chief summoned help and said a prayer for the whale, then offered comfort by gently patting its head. The people of the village pushed the whale back into the water.

After this, whenever the chief went out to sea, he would tap his canoe twice with his paddle and wait for the whale to arrive. A large black head would swim up beside him and he would catch the eye of his friend, the whale. With a rush of energy and excitement, the whale would leap out of his liquid world and soar through the air, the water glistening beneath him. The chief knew that his friend was saying thank you.

Now the chief is long gone, but his friend is not. If you paddle along the coast today, you might see the killer whale searching for his old companion, while making new friends on the way.

Cette sculpture raconte l'histoire de l'épaulard dans la mer des Salish. Il y a longtemps, un groupe d'épaulards vivait dans cette mer. Les gens de la côte Ouest respectaient ces mammifères qu'ils considéraient comme les meilleurs pêcheurs. Un matin d'été, le chef du village a trouvé le jeune meneur du groupe animal échoué dans une petite passe de marée. Le chef a appelé à l'aide, a récité une prière pour l'épaulard et l'a ensuite réconforté en lui caressant doucement la tête. Les gens du village ont poussé l'épaulard jusqu'à ce qu'il soit de nouveau dans l'eau.

Par la suite, le chef, chaque fois qu'il allait en mer, tapait deux fois sur son canot avec sa rame et attendait que l'épaulard arrive. Une grosse tête noire nageait jusqu'à lui et il accrochait le regard de son ami l'épaulard. Avec énergie et enthousiasme, le mammifère avait l'habitude de s'élancer hors du monde marin et de planer dans les airs tandis que l'eau scintillait sous son corps. Le chef savait que son ami était en train de lui dire merci.

Le chef nous a quittés depuis longtemps déjà, mais son ami est encore présent. Si vous pagayez le long de la côte aujourd'hui, vous verrez peut-être l'épaulard qui cherche son vieux compagnon tout en se faisant de nouveaux amis.

The Killer Whale in the Salish Sea*
Richmond Olympic Oval
Red cedar, acrylic paint

The Killer Whale in the Salish Sea*
Anneau olympique de Richmond
Cèdre rouge, peinture acrylique

Chrystal is one of a growing number of female carvers who have imbued the traditional Coast Salish carvings with a strong sense of a feminine form line.

Mme Sparrow compte au nombre croissant des sculpteures qui ont animé les œuvres traditionnelles salish du littoral à l'aide de lignes de contour féminines très prononcées.

Thomas Cannell
Musqueam

Thomas Cannell's late great-uncle, Dominic Point, told him the story of the Kwantlen people, who were the fastest runners in the Musqueam First Nation. The Kwantlen would keep watch from their lookouts over the mouth of the Fraser River and when they spied approaching warriors, they would run to warn their people. These athletes were honoured to be responsible for the well-being of the Musqueam. Thomas's work pays tribute to the legacy of the Kwantlen and continues the tradition of welcoming all friendly visitors to these shores.

This contemporary Salish house post displays twin thunder and lightning birds, the salmon and the sun. The thunderbird is the most powerful of all spirits; living high in the mountains, he is the protector of the people. Many legends describe the thunderbird saving the people from drought, bringing rain and raising the rivers to ensure the survival of the salmon — the main sustenance of the Musqueam people. The modern colours of this work evoke the vibrant Musqueam community as it flourishes now and will continue to flourish in the future.

Feu le grand-oncle de Thomas Cannell, Dominic Point, lui a raconté l'histoire de la bande Kwantlen qui comptait les coureurs les plus rapides de la Première nation Musqueam. Les membres de la bande Kwantlen surveillaient l'embouchure du fleuve Fraser depuis leur poste d'observation et lorsqu'ils voyaient des guerriers approcher, ils partaient à la course pour avertir leur peuple. Ces athlètes étaient honorés d'avoir comme responsabilité le bien-être du peuple musqueam. Le travail de Thomas Cannel rend hommage à l'héritage laissé par les membres de la bande Kwantlen et perpétue la tradition se voulant d'accueillir tous les bons visiteurs sur leurs rives.

Ce poteau salish contemporain sculpté présente l'oiseau-tonnerre et l'oiseau-éclair, le saumon et le soleil. L'oiseau-tonnerre est l'esprit le plus puissant de tous et vit dans les hauteurs des montagnes; il est le protecteur du peuple. Maintes légendes racontent que l'oiseau-tonnerre a sauvé le peuple de la sécheresse en amenant la pluie et en élevant le niveau d'eau des rivières pour assurer la survie du saumon qui constituait le moyen de subsistance du peuple musqueam. Les couleurs modernes de cette œuvre évoquent la communauté vivifiante musqueam qui est en pleine éclosion et qui continuera de s'épanouir au fil du temps.

Twin Thunder and Lightning Birds
UBC Thunderbird Arena
Cedar

Twin Thunder and Lightning Birds
UBC Thunderbird Arena
Cèdre

This work has a radiant energy and warmth derived not only from its subject matter but also from the materials chosen by the artist.

Cette œuvre dégage une énergie rayonnante et une chaleur qui émane non seulement du sujet de la pièce, mais aussi des matériaux choisis par l'artiste.

Aaron Nelson-Moody
Squamish

Spindle whorls are used to spin wool. Coast Salish weavers, usually women, have a long history of weaving valuable fabrics. Traditionally, the men would make weaving kits, including the carved whorls, as gifts for the women. Carved whorls are highly prized and exchanged at potlatches. (The potlatch is a traditional fall/winter ceremony celebrated by the Northwest Coast First Nations.)

In *Plenty* the whorls are carved in a traditional spiral pattern. They feature four images of salmon to celebrate the arrival of people from the four corners of the Earth. The salmon, a gift of the Earth, is a familiar motif in Coast Salish art.

The five spindle whorls recall the five Olympic Rings, and are also influenced by the shapes and materials of curling rocks. The whorls are cast in white concrete and placed on stainless spindle mounts, which are fixed in concentric, contrasting coloured rings.

Aaron sees the Olympic Games as being like a giant potlatch, bringing people together from many nations. With his work, Aaron celebrates the hopes and dreams of the Olympic and Paralympic athletes who will strive to show their very best to the world in 2010.

On utilise les fusaioles pour fabriquer la laine. Les tisseurs salish du littoral, habituellement des femmes, fabriquent depuis longtemps de nombreuses pièces de tissu de valeur. Selon la tradition, les hommes fabriquaient les trousses de tissage, y compris les fusaioles sculptées, comme présents qu'ils offraient aux femmes. Les fusaioles sculptées sont très recherchées et servent de dons durant les potlatchs. (Un potlatch est une cérémonie traditionnelle que célèbrent les Premières nations de la côte nord-ouest à l'automne ou à l'hiver.)

Dans *Plenty*, les fusaioles sont sculptées de façon traditionnelle, dans un motif de spirale. Elles présentent quatre images de saumons pour célébrer l'arrivée de gens provenant des quatre coins du monde. Le saumon, qui est un cadeau de la Terre, est un motif couramment utilisé dans l'art salish du littoral.

Les cinq fusaioles rappellent les cinq anneaux olympiques et sont aussi influencées par les formes et les matériaux des pierres de curling. Les fusaioles sont moulées dans du béton blanc et sont placées dans des supports de filature en acier inoxydable qui sont fixés à des anneaux concentriques de couleurs contrastantes.

Aaron Nelson-Moody voit les Jeux olympiques comme un énorme potlatch qui rassemble les gens d'un grand nombre de nations. Par cette œuvre, il célèbre les espoirs et les rêves des athlètes olympiques et paralympiques qui s'efforceront de montrer ce qu'ils peuvent faire de mieux devant le monde en 2010.

Plenty
Vancouver Olympic/Paralympic Centre
Concrete and steel

Plenty
Centre olympique/paralympique de Vancouver
Béton et acier

These spindle whorls are works of art that can be simultaneously interpreted as traditional fibre-spinning spindles, Canadian curling rocks and the familiar, global image of the Olympic Rings.

Ces fusaioles sont des œuvres d'art qu'on peut percevoir comme des broches de filage de fibres traditionnelles, des pierres de curling canadiennes ou on peut y voir l'image familière et reconnue internationalement des anneaux olympiques.

Brent Sparrow
Musqueam

Bright Futures reflects an image of the Coast Salish people and acknowledges their ancestral ties to this part of British Columbia. In the centre of the glass whorl is a large face, representing the Coast Salish people. The large triangular wedges represent contemporary athletes while the smaller faces are symbolic of future athletes. Within the stainless steel frame is LED lighting, which lights the design. Brent says his sculpture is intended to welcome visitors and athletes, now and in the future, with warmth and open arms.

He says his knowledge of Coast Salish art and culture began with his mother, the artist Susan Point. This mutual interest has created a source of inspiration and a continuous learning experience he shares with his mother every day. As a young Salish artist, Brent is committed to contributing to his culture.

Bright Futures est le miroir du peuple salish du littoral. L'œuvre souligne ses racines ancestrales envers cette partie de la Colombie-Britannique. Au centre de la fusaiole de verre, on voit un grand visage qui représente le peuple salish du littoral. Les larges coins triangulaires représentent quant à eux les athlètes contemporains tandis que les plus petits visages symbolisent les futurs athlètes. Dans le cadre en acier inoxydable, se trouve un éclairage DEL qui illumine le concept. Brent Sparrow dit que sa sculpture se veut d'accueillir chaleureusement et à bras ouverts les visiteurs et les athlètes de maintenant et de demain.

L'artiste raconte avoir puisé ses connaissances de l'art salish du littoral et de cette culture auprès de sa mère, l'artiste Susan Point. Cet intérêt mutuel a créé une source d'inspiration et une expérience d'apprentissage continue qu'il partage tous les jours avec sa mère. À titre de jeune artiste salish, Brent Sparrow désire contribuer à sa culture.

Bright Futures
Killarney Centre
Steel and glass

Bright Futures
Killarney Centre
Acier et verre

This work shows the development of a traditional style of Northwest Coast symbology, which is embracing new symbols to reflect contemporary stories.

Cette œuvre présente le développement d'un style traditionnel de symbologie de la côte nord-ouest, qui encourage les nouveaux symboles afin de mieux refléter les histoires contemporaines.

Ray Natraoro
Squamish

The Squamish First Nations people used spindle whorls to spin wool, which they would weave into textiles, clothes and blankets. The hair of mountain goats was especially prized; because it was so difficult to find, it could take many seasons to gather enough to make a blanket or shawl. Its rarity made goat hair a highly treasured natural resource for the Squamish people, increasing the value of textiles woven from it.

This spindle whorl is made of granite and features a carving showing four humans and four salmon. The piece reverberates with the rich symbolic value of the number four: the four directions of the world, the four seasons, the four winds and the four stages of life as infant, youth, adult and elder. Ray says these are the peoples of the world coming together to form communities.

Le peuple de la Première nation Squamish utilisait la fusaiole pour filer la laine qui servait à fabriquer le tissu, les vêtements et les couvertures. Le poil des chèvres de montagne était particulièrement recherché. Parce qu'il était difficile à trouver, on devait parfois attendre plusieurs saisons avant de rassembler assez de ce pelage pour fabriquer une couverture ou un châle. Sa rareté faisait du poil de chèvre une ressource naturelle inestimable pour le peuple squamish et augmentait la valeur du textile qui en était tissé.

La fusaiole est fabriquée à base de granite. Le motif sculpté illustre quatre humains et quatre saumons. La pièce d'art rappelle la riche symbolique du chiffre quatre : les quatre directions du monde, les quatre saisons, les quatre vents et les quatre étapes de la vie que sont l'enfance, l'adolescence, l'âge adulte et la vieillesse. Ray Natraoro mentionne qu'il s'agit de gens du monde entier qui se rassemblent pour former les communautés.

Sacredness of Four
Trout Lake Centre
Rosso Laguna granite, aluminum

Sacredness of Four
Trout Lake Centre
Granite Rosso Laguna, aluminium

Until recently, Ray has focused on carving; now he is experimenting with new technology and materials.

Jusqu'à récemment, M. Natraoro s'est principalement dévoué à la sculpture; aujourd'hui, il expérimente avec de nouvelles technologies et de nouveaux matériaux.

Zac George
Tsleil-Waututh

This pole honours Zac George's grandfather, Chief Dan George, who was chief of the Tsleil-Waututh First Nation as well as an author and an Academy Award-nominated actor. Chief Dan George is descended from the wolf clan. The wolf is a particularly important animal to the Tsleil-Waututh people, according to their traditional story of origin.

The carving features a killer whale, an animal honoured by the Tsleil-Waututh people. In times past, the killer whale would travel freely through the waters of Burrard Inlet, part of the traditional territory of the Tsleil-Waututh, who are known as the "people of the Inlet."

Ce mât honore le grand-père de Zac George, le chef Dan George, qui était chef de la Première nation Tsleil-Waututh, en plus d'être un auteur et un acteur mis en nomination aux oscars. Le chef Dan George descend du clan du loup. Le loup est un animal très important au sein du peuple Tsleil-Waututh, selon l'histoire traditionnelle de son origine.

La sculpture illustre un épaulard, un animal honoré par le peuple Tsleil-Waututh. Autrefois, l'épaulard voyageait librement dans les eaux de l'inlet Burrard, une partie du territoire traditionnel du peuple Tsleil-Waututh, que l'on connaît sous le nom de « peuple de l'inlet ».

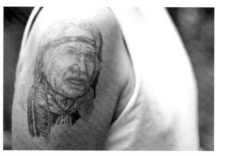

Chief Dan George Welcome Pole*
Pacific Coliseum
Red cedar with acrylic paint

Chief Dan George Welcome Pole*
Pacific Coliseum
Cèdre rouge avec peinture acrylique

By honouring his grandfather, the late Chief Dan George, Zac George embraces the Tsleil-Waututh people's pride in family heritage and traditions.

En honorant son grand-père décédé, le chef Dan George, Zac George adopte les traditions ainsi que la fierté des héritages familiaux du peuple Tsleil-Waututh.

Wade Baker
Squamish

For millennia, humans have looked to the heavens and the stars for inspiration and guidance. Here, the North Star symbolizes the star that one follows on a journey, much like the long journey of an Olympic or Paralympic athlete striving for excellence. The star reflects the light that glimmers within all who participate in the Games. The Canadian maple leaf represents Canada hosting the Olympic and Paralympic Winter Games with pride and honour and respect for all nations. In this work, Wade Baker has brought together the Coast Salish North Star and the Canadian maple leaf to form a statement of welcome extended to the world.

Pendant des millénaires, les humains se sont tournés vers de grands Dieux et les étoiles pour puiser leur inspiration et trouver leur voie. Ici, l'étoile du Nord symbolise l'étoile qu'on suit durant un voyage, tout comme le long voyage d'un athlète olympique ou paralympique qui travaille sans relâche pour atteindre l'excellence. L'étoile reflète le feu vacillant qui brille dans les yeux de tous ceux qui participent aux Jeux. La feuille d'érable canadienne représente le Canada qui accueille les Jeux olympiques et paralympiques d'hiver avec fierté, honneur et respect envers toutes les nations. Dans cette œuvre, Wade Baker a réuni l'étoile du Nord salish du littoral et la feuille d'érable canadienne pour souhaiter la bienvenue au monde entier.

Canada's North Star
Olympic and Paralympic Village Vancouver
Stainless steel with "electropolish" finish

Canada's North Star
Village olympique et paralympique de Vancouver
Acier inoxydable avec fini poli par électrolyse

The simplicity of the two symbols helps express the theme of respecting First Nations culture and history while honouring the world at large.

La simplicité des deux symboles contribue à exprimer le thème du respect de la culture et de l'histoire des Premières nations, tout en honorant le monde dans son ensemble.

Pamela Baker
Squamish

Hanging from this mobile are salmon of three different sizes, some with an additional Coast Salish eye motif. The salmon swim and flow under a suspended ridge of mountains that makes reference to two prominent mountain peaks, known to people in Vancouver as either The Lions or The Sisters. Salmon, once so abundant in the area, were an important element in the livelihood of the First Nations people.

Pamela's art reflects her heritage and speaks to her relationship with the land itself. Her work explores how modern technology and style can be blended with traditional values and symbols. By creating this work for the Vancouver 2010 Olympic and Paralympic Winter Games, she wishes to share with the world a sense of awareness and respect for indigenous people.

Suspendus au bout de ce mobile se trouvent des saumons de trois tailles différentes; certains sont aussi ornés du motif de l'œil salish du littoral. Le saumon nage et suit le flot sous une crête montagneuse qui fait référence à deux sommets dominants et connus des habitants de Vancouver sous le nom de The Lions ou de The Sisters (les sœurs). Le saumon, autrefois si abondant dans la région, était un élément important comme moyen de subsistance pour les peuples des Premières nations.

L'art de Pamela Baker reflète son héritage et parle de sa relation avec la terre. Sa pièce explore comment on peut mélanger le style et la technologie modernes avec les valeurs et les symboles traditionnels. Grâce à cette œuvre réalisée pour les Jeux olympiques et paralympiques d'hiver de 2010 à Vancouver, elle espère promouvoir la sensibilisation au peuple autochtone et son respect.

Wah-tea-mah thlah-eye-nough tah sss-st-owe-qu-wee:
The Life Cycle of the Salmon
BC Place
Aluminum, wood, stone, shell

Wah-tea-mah thlah-eye-nough tah sss-st-owe-qu-wee:
The Life Cycle of the Salmon
BC Place
Aluminium, bois, pierre, coquillage

The silvery stream of salmon in this work places the viewer deep under the water, amid the rush and flow.

La traînée de poissons argentés de cette œuvre place l'observateur en position sous-marine, en plein cœur de l'action et du courant.

Krista Point
Musqueam

In her weavings, Krista takes inspiration from the traditional designs and creations of her Coast Salish culture, including cedar baskets, weavings, blankets and the old stories of her people. In this way, her weaving connects her to her ancestors and her community.

Krista uses colours made from natural dyes. Yellow can be made from onion skins, dandelion or goldenrod flowers. Green is made from stinging nettles, horsetail plants and red onion skins. Red can be made from red alder bark, and the golden beige colour is made from lichens. Krista says the colours she uses are energy forces that affect people either positively or negatively, altering mood and awareness.

The images in these five weavings include Salish butterflies, flying geese, waves of water, diamond shapes from old blankets and basket designs. The twill pattern reminds Krista of rain, and the descending triangles represent a waterfall.

Dans ses tissages, Krista Point s'inspire des créations et des motifs traditionnels de sa culture salish du littoral, compris les paniers de cèdre, le tissage, les couvertures et les vieilles histoires de son peuple. Ainsi, son tissage la relie à ses ancêtres et à sa communauté.

Krista Point utilise des couleurs faites à base de colorants naturels. Le jaune peut provenir de pelures d'oignon, de pissenlits ou de verges d'or. Le vert est fait à base de grandes orties ou de prêles et de pelures d'oignon rouge. Le rouge peut provenir de l'écorce d'aulne rouge et le beige doré vient quant à lui du lichen. Mme Point dit que les couleurs qu'elle utilise sont une force énergique qui touche les gens positivement ou négativement, en changeant l'humeur et la sensibilité.

Parmi les images qu'on trouve dans les cinq tissages, notons des papillons salish, des oies qui volent, des vagues d'eau, des formes de diamants de vieilles couvertures et des motifs de paniers. Pour Krista Point, le motif du tissu croisé lui rappelle la pluie et les triangles descendants représentent une chute d'eau.

Weaving Our World Together
BC Place
Sheep wool

Weaving Our World Together
BC Place
Laine de mouton

Stories are told in traditional weavings through symbolic groupings of geometric forms. These weavings are beautiful examples of geometric Coast Salish designs.

Des histoires sont racontées à l'aide de tissages traditionnels, par l'intermédiaire de regroupements symboliques de formes géométriques. Ces tissages sont de magnifiques exemples de dessins géométriques à la manière salish du littoral.

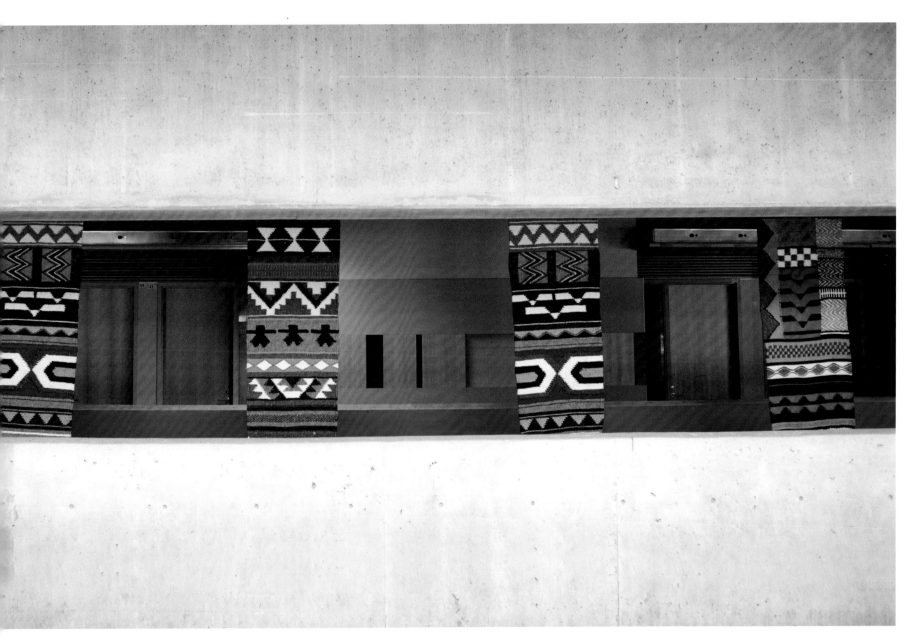

Zac George · Norman George
Tsleil-Waututh

These two works feature the killer whale. These whales are a familiar sight in Burrard Inlet, the traditional territory of the Tsleil-Waututh First Nation; they are also a symbol of the Vancouver Canucks hockey team, which plays at General Motors Place (known as Canada Hockey Place during the 2010 Winter Games). Killer whales exemplify teamwork; they travel in pods and hunt together. The whales — one in goal and one at centre ice — are representative of the offensive and defensive elements of hockey, a favourite Canadian pastime.

The *Orca, Keeper of the Sea* wall pole features the body of a killer whale with a goalie's mask at the top of the pole. The net in the background represents the net that the goalie defends in a hockey game.

The *Killer Whale at Centre Ice* wall plaque shows a killer whale coiled inside a circle, filled with potential power. This image reflects the moment in a hockey game when the puck is dropped into a circle at centre ice and the game begins in earnest as hockey players from both teams burst into action.

Ces deux œuvres mettent en vedette l'épaulard. On peut fréquemment apercevoir ces mammifères dans l'inlet Burrard, dans le territoire traditionnel de la Première nation Tsleil-Waututh. L'épaulard est aussi le symbole des Canucks de Vancouver, une équipe de hockey sur glace qui joue ses parties à General Motors Place (qui s'appellera Place Hockey du Canada pendant les Jeux d'hiver de 2010). Les épaulards démontrent bien le travail d'équipe; ils voyagent en groupe et chassent tous ensemble. Les épaulards de cette œuvre d'art, un devant le but et un au centre de la patinoire, représentent les éléments offensifs et défensifs du hockey sur glace, le passe-temps favori des Canadiens.

Le totem sur le mur, œuvre intitulée *Orca, Keeper of the Sea* met en valeur le corps d'un épaulard et un masque de gardien de buts qui orne le sommet du totem. Le filet en arrière-plan représente le filet que défend le gardien au cours d'une partie de hockey.

La plaque sur le mur, œuvre intitulée *Killer Whale at Centre Ice*, présente un épaulard spiralé au sein d'un cercle, rempli de puissance potentielle. Cette image représente le moment au cours d'une partie de hockey où l'on dépose la rondelle dans le cercle qui se trouve au centre de la patinoire pour commencer le jeu en bonne foi et les joueurs des deux équipes s'élancent sur la glace, en pleine action.

Orca, Keeper of the Sea and *Killer Whale at Centre Ice**
Canada Hockey Place
Red cedar with acrylic paint

Orca, Keeper of the Sea et *Killer Whale at Centre Ice**
Place Hockey du Canada
Cèdre rouge avec peinture acrylique

These carvings beautifully juxtapose the Northwest Coast-styled killer whale with hockey iconography. Parts of the whale's anatomy are distributed within the design to form a sophisticated, abstract image.

Ces sculptures juxtaposent de façon harmonieuse l'épaulard inspiré de la côte Nord-Ouest à l'iconographie du hockey. Les parties de l'anatomie de l'épaulard sont réparties dans le dessin de manière à former une image abstraite et sophistiquée.

Norman George
Tsleil-Waututh

In this work, wolves are transformed into snowboarders and freestyle skiers who twist and turn in aerial manoeuvres. Norman chose to use the wolf as a central image for this work because it is a symbol of his Nation. According to tradition, the Creator transformed a wolf into the first Tsleil-Wautt and made the wolf responsible for their land.

The idea of a wolf (a strong animal full of energy and power) as an elite athlete, creates a connection between the traditional images used by First Nations artists and the familiar pictures of athletes competing at the Vancouver 2010 Olympic and Paralympic Winter Games.

Norman's interest in Coast Salish wood carving comes from observing community members who carved paddles, totem poles, canoes, masks, plaques and ceremonial bowls.

Dans cette œuvre, des loups se transforment en surfeurs des neiges et en skieurs acrobatiques qui exécutent des godilles et des virages dans les airs. Norman George a choisi le loup comme image centrale de cette pièce, car il est le symbole de sa nation. Selon la tradition, le créateur a transformé un loup en un Tsleil-Wautt, le tout premier de la nation, et le loup est devenu le gardien de leur terre.

L'idée du loup (un animal fort, plein d'énergie et puissant) rappelle l'athlète de classe élite et crée un lien entre les images traditionnelles utilisées par les artistes des Premières nations et les images bien connues des athlètes en pleine compétition pendant les Jeux olympiques et paralympiques d'hiver de 2010 à Vancouver.

L'intérêt de Norman George pour la sculpture du bois à la manière salish du littoral vient de son observation des membres de la communauté qui sculptaient des pagaies, des mâts totémiques, des canots, des masques, des plaques et des bols de cérémonies.

Cypress Wind
Cypress Mountain
Aluminum, cedar

Cypress Wind
Cypress Mountain
Aluminium, cèdre

boriginal art, playful, stylized animal forms traditionally represent the
ly. Here, the wolves are simultaneously out of their element and in
rol of their actions, as are many Aboriginal artists.

En matière d'art autochtone, la tradition veut que des formes animales
amusantes et stylisées représentent la famille. Ici, les loups sont à la fois
hors de leur contexte habituel et en contrôle de leurs actions, tel bon
nombre d'artistes autochtones.

Johnnie Abraham · Jonathan Joe
Lil'wat

This carving highlights the symbolic importance of eagle feathers. In the tradition of the Lil'wat First Nation, you earn an eagle feather after achieving success in some aspect of your life. You may be given the feather by someone who appreciates what you've done, or you may find it yourself. In this artwork, earning a feather is also seen as a metaphor for an athlete who earns a medal at Games time.

This work is carved out of red cedar and shows two intertwined eagle feathers rising up. Inside each feather is the figure of a Nordic athlete.

Cette sculpture met en vedette l'importance symbolique des plumes de l'aigle. Selon la tradition de la Première nation Lil'wat, on peut se mériter une plume d'aigle après avoir accompli une réussite dans l'un ou l'autre des aspects de sa vie. Quelqu'un peut ainsi nous remettre une plume d'aigle en retour d'un geste qu'il a apprécié, ou on peut en trouver une soi-même. Dans cette œuvre, le fait de recevoir une plume traduit également la métaphore de l'athlète qui se mérite une médaille pendant les Jeux.

On a sculpté la pièce dans du cèdre rouge. Elle comporte deux plumes d'aigle entremêlées et pointées vers le ciel. Dans chaque plume on aperçoit un athlète nordique.

Vision Earned
Whistler Olympic / Paralympic Park
Red cedar

Vision Earned
Parc olympique/paralympique de Whistler
Cèdre rouge

Lil'wat art has a distinct style that features the landscape and perspective. Here, sacred feathers form the background for the athletes displayed on the blades.

L'art lil'wat a un style distinct qui met en valeur le paysage ainsi que différentes perspectives. Ici, des plumes sacrées composent l'arrière-plan, sur lequel on trouve des athlètes présentés sur les lames.

The grizzly bear is a traditional welcome figure of the Lil'wat people, symbolizing power, strength and speed. Directly in front of the bear is the figure of a runner; both runner and bear are holding torches with carved flames. Together, the bear and the human form a powerful symbol, offering the message that fear can be overcome when we accept the strengths of one another.

The bear and the runner are carved from a massive red cedar log. For centuries, First Nations people used cedar to build houses, totem poles and canoes, weaving the bark into baskets, hats, clothing and blankets. These traditions continue today.

Jonathan Joe is inspired by visions of animals that transform into other animals or beings, which he uses as guides for his carving of the real and the supernatural.

Johnnie Abraham was fortunate to know two of his great-grandfathers. He continues to be inspired by his memories of them.

Le grizzly est considéré comme une forme traditionnelle de bienvenue au sein du peuple lil'wat; il symbolise la puissance, la force et la rapidité. Juste devant l'ours, on aperçoit un coureur; le coureur et l'ours tiennent tous deux un flambeau d'où s'échappe une flamme sculptée. Ensemble, l'ours et l'humain forment un symbole puissant qui offre le message qu'on peut surmonter la peur si l'on accepte les forces de l'autre.

On a sculpté l'ours et le coureur dans un énorme rondin de cèdre rouge. Pendant des siècles, les peuples des Premières nations utilisaient le cèdre pour construire maisons, mâts totémiques et canots. On tissait l'écorce pour en faire des paniers, des chapeaux, des vêtements et des couvertures. Ces traditions se perpétuent encore aujourd'hui.

Jonathan Joe s'inspire de visions d'animaux qui se transforment en d'autres animaux ou d'autres êtres; il s'en sert de guide pour sculpter des reliefs réels et surnaturels.

Quant à Johnnie Abraham, il a eu la chance de connaître deux de ses arrières-grands-pères. Il continue de s'inspirer de leurs souvenirs.

Running with Spirit
Olympic and Paralympic Village Whistler
Red cedar

Running with Spirit
Village olympique et paralympique de Whistler
Cèdre rouge

Rosalie Dipcsu
Lil'wat

Pictographs are sacred images — ancient markers used in spiritual journeys and ceremonies. There are hundreds of them in Lil'wat territory. To represent pictographic images in her work *From Time Out of Mind*, Rosalie sought permission from Lil'wat elders and carefully observed the traditional protocols governing their use. The pictograph symbols, created by a people known for their powers of transformation, carry ancestral memories into modern times.

The six-sided cube, set diagonally on its axis, faces all directions and is exposed to all elements of nature. Engraved territorial markings mingle with images of Olympic athletes while traditional images of swans are interspersed with skaters. Symbols of wolf clans appear among skiers and ski jumpers. Here, time sets no boundaries; the beating hearts of the athletes convey the same energy as those of the artist's ancestors.

Les pictogrammes sont des images sacrées, des anciens symboles qu'on utilisait dans les voyages spirituels et les cérémonies. On en trouve des centaines dans le territoire de la Première nation Lil'wat. Afin de représenter ces dessins figuratifs dans son œuvre *From Time Out of Mind*, Rosalie Dipcsu a demandé la permission aux aînés Lil'wat et a pris soin de respecter les protocoles traditionnels qui régissent leur utilisation. Les pictogrammes, créés par un peuple reconnu pour ses pouvoirs de métamorphose, transportent des souvenirs ancestraux vers les temps modernes.

Le cube à six faces, posé en diagonale sur son axe, est orienté dans toutes les directions et est sujet à tous les éléments de la nature. Des marques territoriales gravées sur le cube se mélangent aux images d'athlètes olympiques tandis que des images traditionnelles de cygnes sont intercalées de patineurs. Des symboles de clans des loups sont dispersés parmi des skieurs ainsi que des sauteurs à ski. Ici, le temps n'impose aucune restriction; les cœurs battant des athlètes transmettent autant d'énergie que ceux des ancêtres de l'artiste.

From Time Out of Mind
Olympic and Paralympic Village Whistler
Aluminum and enamel

From Time Out of Mind
Village olympique et paralympique de Whistler
Aluminium et émail

While the geometric cube is the foundation of abstract landscapes, traditional Lil'wat art features petroglyphs and symbols.

Bien que le cube soit la fondation des paysages abstraits, l'art traditionnel du peuple Lil'wat présente des pétroglyphes ainsi que des symboles.

Ray Natraoro
Squamish

Iniyaxan brings together four different legends of the Squamish First Nation.

At the top is the figure of the thunderbird; his outstretched wings represent the mountaintops. The thunderbird is a higher being that brings balance to all creation. The serpents on the wings of the thunderbird are lightning snakes; when the thunderbird claps his wings together, the impact produces thunder and lightning.

According to legend, a two-headed sea serpent once terrorized the Squamish people. The man who killed it was given supernatural powers: he was then able to create unity within the Squamish First Nation. The serpents depicted here symbolize unity, power, peace and healing.

The transformers bring a message to the Squamish people to respect all living beings. In the middle of the thunderbird are two faces; they represent the Squamish and Lil'wat First Nations and the people of Whistler, living in harmony.

The legs of the thunderbird are abstract designs of the frog, a symbol of the spring as a new season that brings life from winter. According to legend, February is the time of the frogs.

Iniyaxan regroupe quatre légendes différentes de la Première nation Squamish.

Au-dessus, on trouve l'image de l'oiseau-tonnerre; ses ailes déployées représentent le sommet des montagnes. L'oiseau-tonnerre est un être suprême qui apporte équilibre à l'ensemble de la création. Les serpents qui se trouvent sur les ailes de l'oiseau-tonnerre sont des serpents-éclairs; lorsque l'oiseau-tonnerre frappe ses ailes ensemble, le tonnerre retentit alors et des éclairs déchirent le ciel.

Selon la légende, un serpent des mers à deux têtes terrorisait autrefois le peuple squamish. L'homme qui l'a tué a reçu un pouvoir surnaturel, celui d'être capable de créer l'unité au sein du peuple de la Première nation Squamish. Les serpents dessinés ici symbolisent l'unité, la puissance, la paix et la guérison.

Les êtres transformateurs apportent un message au peuple squamish et lui demande de respecter tous les êtres vivants. Au centre de l'oiseau-tonnerre, on voit deux visages qui représentent les Premières nations Squamish et Lil'wat et les gens de Whistler, qui vivent en harmonie.

Les pattes de l'oiseau-tonnerre sont des dessins abstraits qui rappellent les pattes de la grenouille, un symbole du printemps qui représente la nouvelle saison qui ramène la vie après l'hiver. Selon la légende, le mois de février est le mois des grenouilles.

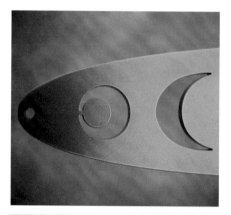

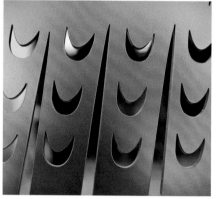

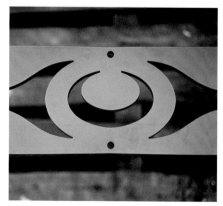

Iniyaxan: Thunderspirit*
Whistler Creekside
Powder-coated aluminum

Iniyaxan: Thunderspirit*
Whistler Creekside
Aluminium enduit de poudre

Displaying a powerful sense of design and form alongside the use of contemporary materials, this work illustrates the traditional myths of Ray Natraoro's people.

Faisant preuve de beaucoup de style et de définition tout en utilisant des matériaux contemporains, cette œuvre illustre les mythes traditionnels du peuple de Ray Natraoro.

Ray Natraoro
Squamish

Sunulhkay is based on the legend of a two-headed sea serpent, which comes from the history of the Squamish First Nation. According to the legend, the serpent was terrorizing the Squamish people. One day, a man was sent to slay the creature. He succeeded after 10 years of trying. As a reward, he received supernatural powers, which helped him create unity for the Squamish, bringing the people together as one community.

Ray chose the Squamish legend as the theme of his work because Whistler is located partly on Squamish territories. The two sea serpents shown in *Sunulhkay* represent unity, power, peace and healing.

Through each unique piece of art he creates, Ray expresses the history of the Squamish First Nation while helping to preserve it for future generations.

L'œuvre *Sunulhkay* est basée sur la légende du serpent des mers à deux têtes que l'on trouve dans l'histoire de la Première nation Squamish. Selon la légende, le serpent terrorisait le peuple squamish. Un jour, on a envoyé un homme avec la mission de tuer la créature. Après 10 ans de tentative, il a finalement réussi à libérer le peuple squamish de la présence du serpent. Comme récompense, l'homme a reçu un pouvoir surnaturel avec lequel il pouvait apporter l'unité au sein du peuple afin de l'unir dans une même communauté.

Ray Natraoro a choisi la légende squamish comme thème pour son œuvre, car Whistler se trouve en partie sur le territoire squamish. Les deux serpents des mers illustrés dans *Sunulhkay* représentent l'unité, la puissance, la paix et la guérison.

Grâce à chacune des œuvres d'art uniques qu'il crée, Ray Natraoro exprime l'histoire de la Première nation Squamish, tout en aidant à la préserver pour les générations futures.

Sunulhkay: The Two-Headed Serpent
The Whistler Sliding Centre
Powder-coated aluminum

Sunulhkay: The Two-Headed Serpent
Centre des sports de glisse de Whistler
Aluminium enduit de poudre

This dynamic work perpetuates traditional Coast Salish stories, helping to keep the culture alive and inspire new generations of artists.

Cette œuvre dynamique perpétue les histoires traditionnelles salish du littoral afin d'aider à préserver la culture et à inspirer de nouvelles générations d'artistes.

NORTHERN REGION
RÉGION DU NORD

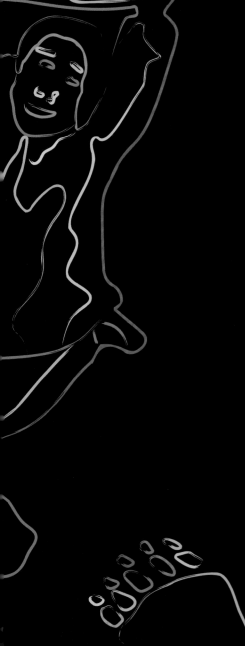

There are four Inuit regions stretching across the Canadian Arctic: Inuvialuit in the Northwest Territories, Nunavut, Nunavik in Northern Quebec, and Nunatsiavut in Labrador. Collectively, these four regions are known as Inuit Nunangat. Approximately 55,000 Inuit live in Inuit Nunangat, an area of more than three million square kilometres — roughly 40 per cent of the entire Canadian land mass. Inuit Nunangat is wild and sparsely populated, with only one person per 38 square kilometres. However, not all Inuit live in the Arctic; approximately 8,000 live in southern Canada.

In the Inuktitut dialect, the word Inuit means "the people" and Inuk means "a person." Many Inuit lead traditional lifestyles — hunting, fishing and going out on the land. People still travel by dogsled, but snowmobiles are also a common sight. And, although the Inuit still retain their igloo-making skills, igloos are only used for camping and hunting.

Other Aboriginal groups also live in the North, including the Tlingit. The Tlingit are the most northern of the Northwest Coast First Nations; their territory stretches across the Canadian border into Alaska. In Canada, the inland Tlingit live in northwestern British Columbia and in Yukon.

L'Arctique canadien compte quatre régions inuites : l'Inuvialuit dans les Territoires-du-Nord-Ouest, le Nunavut, le Nunavik dans le nord du Québec et le Nunatsiavut au Labrador. On appelle collectivement ces quatre régions le Nunangat inuit. Environ 55 000 Inuits habitent dans le Nunangat inuit qui s'étend sur plus de trois millions de kilomètres carrés. Cela représente près de 40 pour cent de la masse terrestre du Canada — une étendue naturelle peu peuplée qui ne compte qu'une personne aux 38 kilomètres carrés. Cependant, ce ne sont pas tous les Inuits qui habitent dans l'Arctique; environ 8 000 personnes inuites habitent dans le sud du Canada.

Dans son dialecte d'origine, l'inuktitut, le mot Inuit est un mot pluriel qui signifie « les hommes », « le peuple », « les gens » tandis que le mot Inuk signifie « une personne ». Bon nombre de personnes inuites vivent selon un mode de vie traditionnel qui consiste à chasser, pêcher et vivre des produits de la terre. Les gens se déplacent toujours en traîneaux à chiens, mais il est aussi habituel de voir les gens se déplacer en motoneige. Et même si les Inuits n'ont pas abandonné leur capacité à construire des igloos, ils ne se servent d'igloos que pour camper et chasser.

D'autres groupes autochtones habitent aussi dans le Nord, y compris les Tlingit. Les Tlingit sont les Premières nations de la côte nord-ouest habitant le plus au nord. Leur territoire s'étend sur la frontière canado-américaine, jusqu'en Alaska. Au Canada, les Tlingit de l'intérieur habitent dans le nord-ouest de la Colombie-Britannique et au Yukon.

Pangnirtung Tapestry Studio
Inuit Collaborative / Projet de collaboration inuit

On this collaborative project, Inuit Tapiriit Kanatami (ITK) worked with individual artists from different northern regions, and with the Uqqurmiut Centre for Arts and Crafts, located in Pangnirtung on Baffin Island, Nunavut. The renowned Pangnirtung Tapestry Studio is located within the Uqqurmiut Centre. One of the project's primary goals was highlighting the unique art styles of the four Inuit regions: Inuvialuit (Northwest Territories), Nunavut, Nunavik (northern Quebec) and Nunatsiavut (Labrador).

The artists, who live in remote, isolated locations, typically sell their work to print companies; working with ITK enabled them to explore alternate marketing channels.

Each artist created two artworks, including drawings, paintings, prints and wall hangings; four of these works were selected as the basis for the tapestry. From Inuvialuit: Mabel Nigiyok and her son Louie Nigiyok, Elsie Klengenberg and Helen Olifie. From Nunavut: Andrew Qappik, Jolly Atagoyuk and Jimmy Kamimmalik. From Nunavik: Sammy Kudluk and Victoria Grey. From Nunatsiavut: Dinah Andersen and Shirley Moorhouse. From Ottawa: Norman Igloopialik. The project team includes: Belinda Webb (project manager), Nunatsiavut; Heather Campbell (project manager), Nunavut; and the Pangnirtung Tapestry Studio.

This work is built on four designs created by artists from various northern regions. Lead artist Andrew Qappik created a single vision for the work, combining elements of all the designs. It depicts both a winter and summer landscape. Some are playing traditional Arctic games, including a string game and the one-foot high kick. Other figures include a skater, a skier and the Inuit ice hockey player Jordin Tootoo. Footprints reveal the presence of animals — a wolf, a caribou and a polar bear — and birds such as ptarmigans, ducks and geese. Working with Andrew, the Pangnirtung Tapestry Studio artists interpreted the design, weaving it into a wool and cotton tapestry.

Andrew says the design celebrates the dream of doing one's best when competing against other nations.

Achieving a Dream
Richmond Olympic Oval
Cotton warp, wool weft

À l'occasion de ce projet de collaboration, l'Inuit Tapiriit Kanatami (ITK) a travaillé avec des artistes individuels de différentes régions du Nord et avec l'Uqqurmiut Centre for Arts and Crafts situé à Pangnirtung, sur l'île de Baffin, au Nunavut. Le très reconnu Pangnirtung Tapestry Studio se trouve dans l'Uqqurmiut Centre. Un des objectifs principaux du projet était de souligner les styles artistiques uniques des quatre régions inuites : Inuvialuit (Territoires du Nord-Ouest), Nunavut, Nunavik (Nord québécois) et Nunatsiavut (Labrador).

Les artistes, qui vivent tous dans des endroits éloignés et isolés, vendent habituellement leurs œuvres à des imprimeries; travailler avec l'ITK leur a permis d'essayer différentes voies de marketing.

Chaque artiste a créé deux œuvres d'art, y compris des dessins, des peintures, des gravures et des pièces murales, et on a choisi quatre d'entre-elles comme base pour la tapisserie. De la région Inuvialuit : Mabel Nigiyok et son fils Louie Nigiyok, Elsie Klengenberg et Helen Olifie. Du Nunavut : Andrew Qappik, Jolly Atagoyuk et Jimmy Kamimmalik. Du Nunavik : Sammy Kudluk et Victoria Grey. Du Nunatsiavut : Dinah Andersen et Shirley Moorhouse. D'Ottawa : Norman Igloopialik. Parmi l'équipe de projet, on trouve : Belinda Webb (gestionnaire de projet), Nunatsiavut; Heather Campbell (gestionnaire de projet), Nunavut; et Pangnirtung Tapestry Studio.

Cette œuvre est née de quatre dessins, faits par des artistes venant des régions du Nord. L'artiste principal, Andrew Qappik, a créé une seule vision pour cette pièce. On y trouve des éléments tirés de chacun des dessins. L'œuvre illustre un paysage hivernal et estival. Certaines personnes jouent à des jeux traditionnels de l'Arctique, dont le jeu de la corde et le coup de pied simple. Parmi les autres personnages, on voit un patineur, un skieur et le joueur de hockey sur glace inuit Jordin Tootoo. Des empreintes trahissent la présence d'animaux — un loup, un caribou et un ours polaire — et d'oiseaux tels que des lagopèdes, des canards et des oies. Avec M. Qappik, les artistes du Pangnirtung Tapestry Studio ont interprété le dessin et l'ont tissé afin d'en faire une tapisserie de laine et de coton.

M. Qappik affirme que le dessin célèbre le rêve de réussir au meilleur de ses capacités lorsqu'on affronte d'autres nations.

Achieving a Dream
Anneau olympique de Richmond
Drap à chaîne de coton, trame de laine

Many of the Inuit artists are solitary and work in remote locations; bringing all four regions together makes this project unique.

Bon nombre des artistes inuits sont solitaires et travaillent dans des endroits éloignés; le rassemblement des quatre régions rend ce projet tout à fait unique.

Jean Taylor
Tlingit

This triptych features three male dancers in button vests. They dance with youthful energy, using their strength and stamina to perform movements in a low crouch. Tlingit dances are sometimes competitive, and low dancing is particularly admired.

The figures are an Inland Tlingit drummer, a dance leader and a dancer. The dancers follow the sound of the drum and directions from the leader, who wears a special headdress and carries swan feathers. As he dances, the sound of the clackers on his leggings emphasize his movements. Jean enjoys portraying the people of the Tlingit culture in the rich, vibrant colours of their regalia. She says that depicting the artistry and cultural significance of their dancing fills her with a deep sense of pride and gratitude. She hopes that people looking at this work can hear the beat of the drum and feel the vibration from the dancers' pounding feet.

Ce triptyque illustre trois danseurs portant des vestes à boutons. Ils dansent avec une jeune vigueur et grâce à leur force et à leur endurance, ils exécutent des mouvements en position accroupie très basse. Les danses tlingits servent parfois de compétition et on admire particulièrement les danses en position accroupie.

Les personnages sont des joueurs de tambour tlingits de l'intérieur et un danseur principal accompagné d'un autre danseur. Les danseurs suivent le rythme du son du tambour et les directives du danseur principal, qui porte un bonnet de guerre spécial et des plumes de cygne. Pendant qu'il danse, le son des claquettes sur ses collants accentue ses mouvements. Jean Taylor aime dessiner le peuple de la culture tlingit dans les couleurs riches et vibrantes du costume traditionnel. Elle dit que de traduire l'art et la signification culturelle des danses l'emplit d'une profonde fierté et gratitude. Elle espère que les gens qui contempleront son travail pourront entendre le battement du tambour et ressentir la vibration créée par le martèlement des pieds des danseurs.

Inland Tlingit Dancers
The Whistler Sliding Centre
Stretched canvas on fir frames

Inland Tlingit Dancers
Centre des sports de glisse de Whistler
Toiles allongées dans des cadres de sapin

Jean's ethereal painting style and her soft depiction of the dancers' regalia capture her deeply rooted respect for the traditional dances.

Le style de peinture éthéré de Mme Taylor et sa douce représentation du costume traditionnel des danseurs traduisent bien son respect profond pour les danses traditionnelles.

Dean Heron
Kaska / Tlingit

Twenty canvases form this work, each containing an element of the full picture. The image depicts the front and back of a snowboard, using a contemporary Tlingit First Nations design and a modern colour scheme.

The salmon pays homage to the fish that have sustained Tlingit First Nations for centuries. The hand signals a warm welcome to all who visit Cypress Mountain for the 2010 Winter Games, as well as those who will visit in the future. The old master artists of the Tlingit First Nations used art in the creation of everyday objects; this design pays homage to that tradition. The modern image of a snowboard also references an old-fashioned paddle design.

Dean creates his art to honour the artists: those of the past who laid down the foundations, those in the present who have kept the arts alive, and the generations to come, who will continue the traditions.

Vingt toiles forment cette œuvre. Les toiles comprennent chacune un élément de l'image d'ensemble. L'image illustre l'avant et l'arrière d'une planche de surf des neiges en utilisant un concept contemporain de la Première nation Tlingit et une palette de couleurs modernes.

Le saumon rend hommage au poisson qui a permis la survie des Premières nations Tlingit pendant des siècles. La main accueille chaleureusement tous les visiteurs de Cypress Mountain aux Jeux d'hiver de 2010, ainsi que ceux qui y viendront un jour. Les vieux artistes maîtres des Premières nations Tlingit ont utilisé l'art dans la création de tous les objets de tous les jours; ce concept rend hommage à cette tradition. L'image moderne de la planche de surf des neiges fait aussi référence à un vieux concept de pagaie.

Dean Heron réalise sont art afin de rendre hommage aux artistes : les hommes et les femmes du passé qui ont fondé les assises, ceux et celles qui donnent vie à l'art, encore aujourd'hui, et les générations à venir qui continueront de faire vivre les traditions.

Northern Spirit
Cypress Mountain
Paint on canvas

Northern Spirit
Cypress Mountain
Peinture sur toile

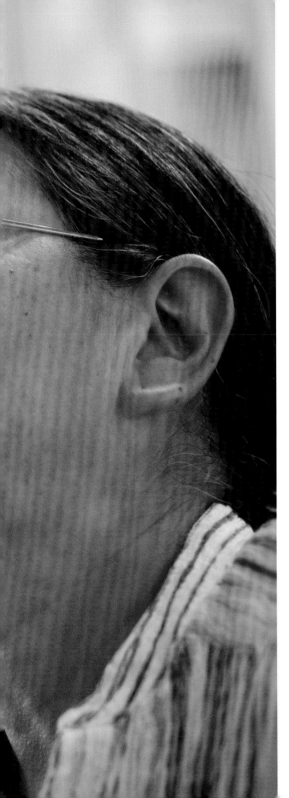

Never before has such a collection of Canadian Aboriginal artists contributed to such an extensive permanent public artworks program. This group of talented artists is represented by all three Aboriginal peoples (First Nations, Métis and Inuit), and from every province and territory in Canada. These artists represent a cross-section of Canadian Aboriginal cultures, and collectively show off the variety of mediums, styles and voices of the many Aboriginal peoples throughout this vast land. Their biographies reflect their diverse backgrounds and experience.

Jamais auparavant a-t-on vu un tel groupe d'artistes autochtones canadiens contribuer à un programme public permanent d'œuvres d'art aussi complet. Dans ce regroupement d'artistes talentueux, on trouve des représentants des trois peuples autochtones (Premières nations, Métis et Inuits), qui viennent de chaque province et territoire du Canada. Ces artistes peignent le profil des cultures autochtones du Canada et ensemble, ils mettent en valeur l'éventail de médiums, de styles et de voix utilisés par les nombreux peuples autochtones qui habitent en ce vaste pays. Les biographies de ces artistes sont à l'image de leurs différents antécédents et expériences.

Susan Point at work in her studio

Susan Point au travail dans son studio

Johnnie Abraham is a member of the Lil'wat First Nation. He lives in Mount Currie, British Columbia. He is a self-taught artist who paints, designs graphics, carves and makes drums.

Pamela Baker was born in 1959 in Vancouver and grew up on the Capilano reserve. Her art reflects her combined heritage of Squamish and Kwakiutl. She learned about traditional First Nations art directly from members of her family, including Mungo Martin, Henry Hunt and Tony Hunt. Pamela has a degree in fashion design from the Otis College of Art and Design in Los Angeles.

Wade Baker is a member of the Squamish First Nation. He was born in 1956 in Vancouver, where he now lives with his family. Wade is a self-taught artist who was inspired as a child by watching his relatives Mungo Martin and Henry Hunt, both master carvers. His understanding of the deep spiritual and religious meaning of traditional ceremonies comes from attending his family's many potlatches in various longhouses along the coast.

Joe Becker is a member of the Musqueam First Nation. He was born in Vancouver in 1943, where he still lives. He is a self-taught artist who is known for his carving. He devotes all his time to his art. Joe says carving is like therapy for him; it relaxes him. His daughters work with him and are learning to work with glass.

Thomas Cannell, a member of the Musqueam First Nation, has spent his life on a reservation in Vancouver on Musqueam traditional territory. Alongside his mother, Susan Point, Thomas has trained and honed his skills as a carver and designer. He also studied with master carver John Livingston. Thomas enjoys every medium that comes before him, but his primary interest is working with wood because he finds every aspect of woodwork irresistible.

Liz Carter is a member of the Kwicksutaineuk-ah-kwaw-ah-mish First Nation. She was born in 1960 in Alert Bay, British Columbia, and now lives with her family in Campbell River, British Columbia. She is a graduate of the Fine Arts Program at North Island College in British Columbia. Liz creates work using an array of mixed media, including copper and cedar.

Donald Chrétien is a member of the Ojibwe First Nation. He was born in North Bay, Ontario, and now lives with his family in Newmarket, Ontario. He is a professional illustrator and sculptor whose work reflects his combined heritage as an Ojibwe and a French Canadian. In addition to his art, Donald is an avid athlete who plays wheelchair basketball at the national level.

Andrew Dexel, also known as Enpaauk, was born in 1982 and is a member of the Nlaka'pamux First Nation. His beginnings as a graffiti artist are central to his style; he brings the energy of the street into his paintings. Andrew says his work traces his spiritual path and expresses the inspiration given to him by his elders and mentors.

Rosalie Dipcsu was born in 1960 in Bralorne, British Columbia. She is a member of the Lil'wat First Nation. As an adult, Rosalie became interested in learning about her origins, and as she became more aware of her Native spirituality, she also recognized her own natural ability as an artist. She says she wants to encourage all young artists to believe in themselves and to dream big.

Johnnie Abraham est membre de la Première nation Lil'wat. Il habite à Mount Currie en Colombie-Britannique. Il est un artiste autodidacte qui se dévoue à la peinture, la conception graphique, la sculpture et la fabrication de tambours.

Pamela Baker est née en 1959 à Vancouver et a grandi dans la réserve Capilano. Ses œuvres reflètent son héritage mixte Squamish et Kwakiutl. Elle a eu la chance d'en apprendre davantage sur l'art traditionnel des Premières nations grâce aux enseignements directs offerts par des membres de sa famille, notamment Mungo Martin, Henry Hunt et Tony Hunt. Mme Baker est diplômée en création de modes du Otis College of Art and Design de Los Angeles.

Wade Baker est membre de la Première nation Squamish. Il est né en 1956 à Vancouver, où il habite actuellement avec sa famille. M. Baker est un artiste autodidacte qui, lorsqu'il était enfant, s'est inspiré des membres de sa famille, Mungo Martin et Henry Hunt, maîtres sculpteurs. Sa compréhension de l'importante signification spirituelle et religieuse des cérémonies traditionnelles tient son origine du fait qu'il a assisté à de nombreux potlatchs avec sa famille dans différentes longues maisons le long de la côte.

Joe Becker est membre de la Première nation Musqueam. Il est né à Vancouver en 1943 et il y habite toujours. Il est un artiste autodidacte reconnu pour ses sculptures. Il consacre tout son temps à son art. Selon lui, la sculpture est comme une thérapie qui lui permet de se détendre. Ses filles travaillent à ses côtés et apprennent à travailler le verre.

Thomas Cannell, membre de la Première nation Musqueam, a passé sa vie sur une réserve à Vancouver, sur un territoire musqueam traditionnel. À côté de sa mère, Susan Point, M. Cannell a été formé et a peaufiné ses compétences comme sculpteur et designer. Il a aussi appris à sculpter avec le maître-sculpteur John Livingston. M. Cannell apprécie chaque médium qui se présente devant lui, mais son intérêt premier vise le bois parce qu'il trouve irrésistible chaque aspect du travail du bois.

Liz Carter est membre de la Première nation Kwicksutaineuk-ah-kwaw-ah-mish. Elle est née en 1960, à Alert Bay en Colombie-Britannique et habite actuellement avec sa famille à Campbell River, en Colombie-Britannique. Elle détient un diplôme du programme des beaux-arts du North Island College, en Colombie-Britannique. Mme Carter crée ses œuvres en utilisant une variété de matériaux, y compris le cuivre et le cèdre.

Donald Chrétien est membre de la Première nation Ojibway. Il est né à North Bay en Ontario et habite actuellement avec sa famille à Newmarket en Ontario. Il est illustrateur et sculpteur professionnel dont l'œuvre exprime son patrimoine partagé comme Ojibway et comme Canadien français. En plus de se consacrer à son art, M. Chrétien est un grand athlète. Il joue au basketball en fauteuil roulant au niveau national.

Andrew Dexel, aussi connu sous le nom d'Enpaauk, est né en 1982 et est membre de la Première nation Nlaka'pamux. Ses débuts comme artiste de graffitis apportent une dimension essentielle à son style; il peint l'énergie de la rue dans ses toiles. M. Dexel dit que son travail trace sa voie spirituelle et exprime l'inspiration que lui ont données ses aînés et mentors.

Rosalie Dipcsu est née en 1960 à Bralorne en Colombie-Britannique. Elle est membre de la Première nation Lil'wat. À l'âge adulte, Rosalie Dipcsu a commencé à s'intéresser à ses origines et désirait en apprendre davantage à ce sujet. Comme elle était plus à l'écoute de sa spiritualité autochtone, elle a également reconnu ses propres aptitudes naturelles d'artiste. Elle dit qu'elle veut encourager tous les jeunes artistes à croire en eux et à avoir les rêves les plus fous.

Elliott Doxtater-Wynn is a member of the Mohawk Six Nations of the Grand River. He was born in Sudbury, Ontario, in 1974, and now lives in Thunder Bay, Ontario. He has an arts certificate from Bealart, a vocational art school in London, Ontario, and a bachelor's degree in fine arts from Lakehead University in Ontario.

Bruce Edmonds is a member of the Lil'wat First Nation from Mount Currie, British Columbia. He began carving as a young man under the instruction of Lil'wat carver Art Pascal. Bruce was inspired by Bryson Edmonds and Willie Dick; these Lil'wat artists and mentors helped Bruce develop his own distinct style and artistic skills. Bruce also apprenticed under Squamish First Nation carver Ray Natraoro.

Alano Edzerza is a member of the Tahltan First Nation. He was born in Victoria, British Columbia, in 1980, and now lives in Vancouver. He acknowledges his relatives, Terrance Campbell and Rick Adkins, as two significant mentors. Alano recognizes the role that art plays in reviving the culture of the Northwest Coast First Nations; it is for this reason that he works so hard to accomplish his goals.

Norman George was born in 1965 and is a member of the Tsleil-Waututh Nation (Burrard Band) in North Vancouver. Norman's mentors were his grandfather, father and grand-uncles. To develop his skills, he attended Art Bolton's carving classes, where he gained a better understanding of woodcarving and began to develop his own unique style.

Zac George is 34 years old and is a member of the Tsleil-Waututh Nation. He was born and raised in North Vancouver and now lives in Chehalis, British Columbia. His work is inspired by his late grandparents, Chief Dan and Amy George, and Robert and Betty Edge. Zac studied carving with Don Joe of Chehalis and is proud to use the Coast Salish artistic style. He lives the rich cultural lifestyle of the Salish people: he is a hunter and a fisherman and follows the traditional spirituality practised by his people for centuries.

Dean Heron is a member of the Wolf Clan in the Kaska/Tlingit First Nations. He was born in Watson Lake, Yukon, in 1970, and now lives in Terrace, British Columbia. He studied at the Freda Diesing School of Northwest Coast Art with Stan Bevan, Ken McNeil and Dempsey Bob. What began as an exploration of his roots soon became a way of life for Dean; he learned that his art is who he is.

Inuk is an Inuvialuit artist who was born in 1968 in the Northwest Territories, where she now lives. Her natural ability to tuft came as a surprise, but she pursued her gift and became a "master tufter." A self-taught artist, she says that learning on her own helped her develop her own techniques and style.

Jonathan Joe is a member of the Lil'wat First Nation. He was born in Squamish, British Columbia, in 1971, and now lives in Mount Currie, British Columbia. As a young man, he learned to carve a totem pole with teachers Jeff Wallace and Tyrone Joseph. Jonathan apprenticed with Ray Natraoro and works with Johnnie Abraham. He now carves full-time and sees carving as his gift to share with the world.

Elliott Doxtater-Wynn est membre de la communauté Mohawk Six Nations of the Grand River. Il est né en 1974 à Sudbury, en Ontario et habite actuellement à Thunder Bay en Ontario. Il détient un certificat en arts de Bealart, une école de formation professionnelle à London, en Ontario et un baccalauréat en arts visuels de la Lakehead Univeristy en Ontario.

Bruce Edmonds est membre de la Première nation Lil'wat de Mount Currie, en Colombie-Britannique. Lorsqu'il était jeune homme, il a commencé à sculpter sous la tutelle du sculpteur lil'wat, Art Pascal. M. Edmonds s'inspire de Bryson Edmonds et Willie Dick. Ces artistes et mentors lil'wat ont aidé M. Edmonds à établir son propre style distinct et à peaufiner ses habilités artistiques. Il a aussi été l'apprenti de Ray Natraoro, sculpteur de la Première nation Squamish.

Alano Edzerza est membre de la Première nation Tahltan. Il est né à Victoria, en Colombie-Britannique, en 1980, mais vit maintenant à Vancouver. Il mentionne que deux membres de sa famille, Terrance Campbell et Rick Adkins, ont occupé un rôle important de mentor pour lui. Alano Edzerna reconnaît le rôle que joue l'art dans la renaissance de la culture des Premières nations de la côte Nord-Ouest; c'est pour cette raison qu'il travaille si fort pour accomplir ses objectifs.

Norman George est né en 1965. Il est membre de la Première nation Tsleil-Waututh (Burrard) à North Vancouver. Les mentors de M. George ont été son grand-père, son père et ses grands-oncles. Afin de perfectionner ses habiletés, il a assisté aux cours de sculpture d'Art Bolton, pendant lesquels il a acquis une meilleure compréhension de la sculpture sur bois et a commencé à définir son style unique.

Zac George, âgé de 34 ans, est membre de la Première nation Tsleil-Waututh. Il est né et a grandi à North Vancouver et habite désormais à Chehalis, en Colombie-Britannique. Ses créations sont inspirées de ses regrettés grands-parents, le chef Dan et Amy George, ainsi que de Robert et Betty Edge. M. George a étudié la sculpture en compagnie de Don Joe de Chehalis et est fier d'utiliser le style artistique salish du littoral. Il a un mode de vie culturel très riche, tout comme le peuple salish; il est chasseur ainsi que pêcheur, et respecte les traditions spirituelles mises en pratique par son peuple depuis des siècles.

Dean Heron est membre du clan des loups des Premières nations Kaska/Tlingit. Il est né en 1970 à Watson Lake, au Yukon, et vit maintenant à Terrace, en Colombie-Britannique. Il a fait ses études en compagnie de Stan Bevan, Ken McNeil et Dempsey Bob à la Freda Diesing School of Northwest Coast Art. Ce qui a commencé comme une simple exploration de ses racines est rapidement devenu un mode de vie pour Dean Heron, qui sait maintenant que son art est l'essence même de sa personne.

Inuk est une artiste inuvialuite née en 1968 aux Territoires du Nord-Ouest, où elle demeure toujours. Malgré le fait d'être surprise par sa capacité naturelle pour le touffetage, elle a peaufiné son talent et est devenue « maître touffeteuse ». Selon cette artiste autodidacte, le fait d'apprendre par elle-même l'a aidée à élaborer ses propres techniques et son propre style.

Jonathan Joe est membre de la Première nation Lil'wat. Il est né en 1971 à Squamish en Colombie-Britannique et habite actuellement à Mount Currie, en Colombie-Britannique. Lorsqu'il était jeune homme, il a appris à sculpter un mât totémique avec ses instructeurs Jeff Wallace et Tyrone Joseph. M. Joe a été l'apprenti de Ray Natraoro et travaille en collaboration avec Johnnie Abraham. Il est maintenant sculpteur à temps plein et considère la sculpture comme le talent qu'il se doit de partager avec le monde.

George Littlechild was born in Edmonton, Alberta in 1958. He is a member of the Plains Cree First Nation. He began creating art as a boy, encouraged by his foster mother. George says art is what he was born to do; it is his passion and joy. His art speaks from the heart, expressing a social and political awareness of the historical context of First Nations people in Canada.

Ray Natraoro is a member of the Squamish First Nation. He was born in Vancouver in 1973 and now lives in North Vancouver. His passion for carving was inspired by the artwork of his grandfather and great-grandfathers, and by the work of Rick Harry. Ray specializes in carving canoes, house posts, spindle whorls, masks, rattles, paddles and totem poles. Through his artwork, Ray expresses the history of the Squamish people.

Aaron Nelson-Moody is a member of the Squamish First Nation. He was born in 1967 and grew up in Ch'iyakmesh in Squamish. Aaron works in the classic Coast Salish art form, which is the indigenous style of art in the Vancouver to Whistler area. Aaron creates woodcarvings, paintings and jewellery. In 2006, he carved the doors for Canada House for the Torino 2006 Olympic and Paralympic Winter Games in Italy.

Carey Newman was born in 1975 in Victoria, British Columbia, and is a member of the Fort Rupert/Cheam First Nation. His father and mother gave him a supportive, creative environment that helped him become the artist he is today: a contemporary artist with a traditional soul. He sees the Vancouver 2010 Olympic and Paralympic Winter Games as an opportunity to celebrate the simple things that make us human.

Dionne Paul was born in North Vancouver in 1975. She is a member of the Sechelt First Nation. Through her exploration of colour, line and technique, she strives to develop a stronger Coast Salish iconography. Dionne works in many materials to express her ideas on issues such as addiction, abuse, sexuality, motherhood, identity, racism, history and culture.

Marjorie Lewis Paul is a member of the Mi'kmaq First Nation from Prince Edward Island. She made her first basket at seven years old. She taught herself to make porcupine quill baskets, beadwork, regalia and other treasures of her traditional culture. She visits schools to teach children about Mi'kmaq history and basket making. She credits her parents, her elders and her family for their influence and their support of her traditional ways.

Stephen Peltonen was born in Hearst, Ontario, in 1973. He is a member of the Cree First Nation. A self-taught artist, he is inspired by his love of the great outdoors, especially paddling down Ontario's Missinaibi River. Due to his life circumstances, Stephen grew up with many questions about his identity, even the spelling of his own name. As an adult, he has resolved this issue but still signs his work as "Steven" in memory of those years of uncertainty.

Krista Point was born in 1964 and is a member of the Musqueam First Nation. Her work is inspired by the way her ancestors wove their blankets and the beautiful techniques they used nearly a century ago. Weaving is her way to pass on some of the traditional teachings of her community. When she weaves, she puts her love and positive energy into her work.

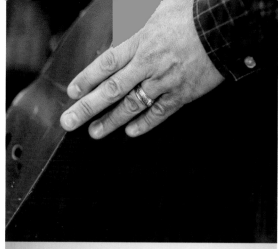

George Littlechild est né à Edmonton, en Alberta, en 1958. Il est membre de la Première nation des Cris-des-Plaines. Il a commencé à créer ses œuvres lorsqu'il n'était qu'un jeune garçon. Sa mère de famille d'accueil l'a toujours encouragé en ce sens. George Littlechild dit qu'il est né pour l'art; c'est sa passion et son bonheur. Son art vient tout droit du cœur; il exprime une sensibilité sociale et politique du contexte historique des peuples des Premières nations du Canada.

Ray Natraoro est membre de la Première nation Squamish. Il est né en 1973 à Vancouver et habite maintenant à North Vancouver. Sa passion pour la sculpture s'inspire des œuvres d'art de son grand-père et de ses arrière-grands-pères, ainsi que des œuvres de Rick Harry. Parmi les spécialités de M. Natraoro, notons la sculpture de canots, de poteaux de maison, de fusaioles, de masques, de hochets, de rames et de mâts totémiques. Grâce à son oeuvre, M. Natraoro exprime l'histoire du peuple squamish.

Aaron Nelson-Moody est membre de la Première nation Squamish. Il est né en 1967 au Ch'iyakmesh Village de Squamish, où il a grandi. M. Nelson-Moody travaille selon le style salish du littoral classique, soit le style d'art autochtone que l'on retrouve dans la région qui s'étend de Vancouver à Whistler. Il crée des sculptures de bois, des tableaux et des bijoux. En 2006, il a sculpté les portes de la Maison du Canada pour les Jeux olympiques et paralympiques d'hiver de 2006 à Turin en Italie.

Carey Newman est né en 1975 à Victoria, en Colombie-Britannique, et est membre de la Première nation Fort Rupert / Cheam. Son père et sa mère lui ont donné un environnement soutenu et créatif qui l'a aidé à devenir l'artiste qu'il est aujourd'hui, c'est-à-dire contemporain avec une âme traditionnelle. Il perçoit les Jeux olympiques et paralympiques d'hiver de 2010 à Vancouver comme une occasion de célébrer les petites choses de la vie qui font de nous des humains.

Dionne Paul est née en 1975, à North Vancouver en Colombie-Britannique. Elle est membre de la Première nation Sechelt. Grâce à son exploration des couleurs, des lignes et des techniques, elle cherche à créer une iconographie plus puissante des peuples salish du littoral. Mme Paul travaille avec de nombreux matériaux pour exprimer ses opinions au sujet de questions comme la toxicomanie, l'abus, la sexualité, la maternité, l'identité, le racisme, l'histoire et la culture.

Marjorie Lewis Paul est membre de la Première nation Micmaque de l'Île-du-Prince-Édouard. Elle a fabriqué son premier panier à l'âge de sept ans. Elle a appris seule à fabriquer des paniers en tissage de piquants de porc-épic, de la broderie perlée, des costumes traditionnels et autres trésors de sa culture traditionnelle. Elle visite les écoles afin d'enseigner aux enfants l'histoire micmaque et la fabrication de paniers. Elle remercie ses parents, ses aînés et sa famille pour leur influence et leur soutien dans la promotion de ses méthodes traditionnelles.

Stephen Peltonen est né en 1973 à Hearst, en Ontario. Il est membre de la Première nation des Cris. Comme artiste autodidacte, il s'inspire de son amour du plein air et plus particulièrement, de pagayer sur la rivière Missinaibi en Ontario. En raison des circonstances de sa vie, il a grandi en se questionnant sur son identité, même sur l'épellation de son prénom. Comme adulte, il a décidé de remédier à cette situation en signant ses œuvres « Steven », en l'honneur de ces années d'incertitude.

Krista Point, membre de la Première nation Musqueam, est née en 1964. Ses œuvres sont inspirées de la façon dont ses ancêtres tissaient leurs couvertures, ainsi que des techniques sublimes qu'ils utilisaient il y a de celaprès d'un siècle. Pour elle, le tissage est un moyen de transmettre quelques-uns des enseignements traditionnels de sa communauté. Lorsqu'elle tisse une pièce, elle y insère tout son amour et son énergie positive.

Susan Point is a Coast Salish artist who was born in 1952 in Alert Bay, British Columbia. She lives on the Musqueam First Nation reserve in Vancouver. She is a self-taught artist who learned about Coast Salish art and culture from her uncle, Professor Michael Kew, and her aunt, Dorothy Kew, and from Dominic Point and Edna Grant Point. She began her art career in 1981 and now creates three-dimensional art in many different media. Susan is a recipient of the Order of Canada. The artists Thomas Cannell and Brent Sparrow, also featured in this book, are Susan's children.

Brent Sparrow was born in 1970. He is a member of the Musqueam First Nation in Vancouver. Brent began his apprenticeship in 2006, carving with his mother, Susan Point, and master carver John Livingston. He continues to explore his heritage and all the possibilities of the Coast Salish art form, paying tribute to his Salish legacy.

Chrystal Sparrow is a Musqueam artist: her work reflects a Coast Salish design influence. She was born in Vancouver in 1983 where she still lives. She is part of an artistic family that includes her father, Irving Sparrow. Chrystal studied with her father for a year and now works as an independent artist and mentor.

Debra Sparrow is a member of the Musqueam First Nation. She lives in Vancouver. In 1984, she began working with a group of Musqueam women to revive the lost art of Salish weaving. They learned by experimenting together, visiting museums to study older blankets and connecting to other weaving communities. She is inspired by the words of her grandfather, Edward Sparrow: "Know who you are and where you come from."

Irving Sparrow was born in 1963 in Vancouver. He is a member of the Musqueam First Nation. With his work, Irving searches for the relationship between the Creator and earthly creatures. He believes that art is the Creator's gift to all people. Irving hopes that his work will inspire younger generations.

Robyn Sparrow is a member of the Musqueam First Nation, and lives in Vancouver. She began weaving in 1983 when her sister, Wendy Grant-John, started a weaving revival by creating the Salish Weaving Program. Robyn also studied and worked at the Museum of Anthropology in Vancouver. She is a teacher, helping children learn about the importance of weaving to the Musqueam people.

Alan Syliboy is a Mi'kmaq artist who lives in Nova Scotia. He uses traditional Mi'kmaq images in his work to express the history of his people. He studied privately with Mi'kmaq artist Shirley Bear, and later at the Nova Scotia College of Art and Design, where, 25 years later, he was invited to sit on the board of governors.

Jean Taylor was born in 1953 in Whitehorse, Yukon, and now lives in Teslin, Yukon. She learned her art from many different people. She has studied in Grand Prairie, Alberta; Chetwynd, British Columbia; and in Mexico. She expresses her appreciation for the powerful art of her people by putting her peoples' cultural images on canvas.

Michael Nicoll Yahgulanaas is an artist from Haida Gwaii. He was born in 1954, studied with master carvers Jim Hart Edenso and Robert Davidson, and learned Asian brush technique from teacher Cai Ben Kwon. Michael, who exhibits nationally and internationally, is also an award-winning author of numerous books. He invented Haida manga, a new genre that helps inspire young people to connect to their potential as artists.

Susan Point est une artiste salish du littoral, née en 1952 à Alert Bay, en Colombie-Britannique. Elle habite dans la réserve de la Première nation Musqueam, à Vancouver. Artiste autodidacte, elle a appris à connaître l'art salish du littoral grâce à son oncle, le professeur Michael Kew, à sa tante, Dorothy Kew, ainsi qu'à Dominic Point et Edna Grant Point. Elle a commencé sa carrière artistique en 1981 et crée maintenant des œuvres d'art en trois dimensions en utilisant nombre de différents moyens. Mme Point est récipiendaire de l'Ordre du Canada. Les artistes Thomas Cannell et Brent Sparrow, dont les œuvres sont aussi mises en vedette dans le présent ouvrage, sont les enfants de Susan Point.

Brent Sparrow est né en 1970. Il est membre de la Première nation Musqueam à Vancouver. M. Sparrow a commencé son apprentissage en 2006, en sculptant avec sa mère, Susan Point, et le maître-sculpteur John Livingston. Il continue à explorer son héritage et toutes les possibilités de la forme d'art salish du littoral, en honorant son patrimoine salish.

Chrystal Sparrow est une artiste musqueam dont l'œuvre exprime l'influence du concept salish du littoral. Elle est née en 1983 à Vancouver où elle demeure toujours. Elle est membre d'une famille artistique. Son père est l'artiste Irving Sparrow. Mme Sparrow a étudié avec son père pendant une année. Elle travaille maintenant comme artiste indépendante et mentor.

Debra Sparrow est membre de la Première nation Musqueam et vit à Vancouver. En 1984, elle a commencé à travailler avec un groupe de femmes de sa bande dans le but de raviver l'art perdu du tissage salish. Elles ont appris en expérimentant ensemble et en visitant des musées afin d'étudier des couvertures plus anciennes et de créer des liens avec d'autres communautés de tissage. Elle est inspirée par les mots de son grand-père, Edward Sparrow : « Sache qui tu es et d'où tu viens ».

Irving Sparrow est né en 1963 à Vancouver. Il est membre de la Première nation Musqueam. Par son art, M. Sparrow cherche à définir la relation qui existe entre le Créateur et les créatures de la terre. Il croit que l'art est un cadeau fait par le Créateur aux gens du monde entier. Il espère que ses œuvres inspireront les générations plus jeunes.

Robyn Sparrow est membre de la Première nation Musqueam et vit à Vancouver. Elle a commencé à tisser en 1983 lorsque sa sœur, Wendy Grant-John, a permis la renaissance du tissage en créant le programme de tissage salish (Salish Weaving Program). Robyn Sparrow a aussi étudié et travaillé au Musée d'anthropologie de Vancouver. Elle est enseignante; elle aide les enfants à apprendre l'importance du tissage auprès du peuple Musqueam.

Alan Syliboy est un artiste micmac qui habite en Nouvelle-Écosse. Il se sert d'images micmaques traditionnelles dans son œuvre pour exprimer l'histoire de son peuple. Il a fait des études privées avec l'artiste micmaque Shirley Bear et plus tard, il a étudié au Nova Scotia College of Art and Design. Vingt-cinq ans après avoir terminé ses études, on l'a invité à faire partie du conseil d'administration de cet établissement.

Jean Taylor est née en 1953 à Whitehorse, au Yukon, et vit maintenant à Teslin, aussi au Yukon. Différentes personnes lui ont appris son art. Elle a étudié à Grand Prairie, en Alberta, à Chetwynd, en Colombie-Britannique et au Mexique. Elle exprime son appréciation pour l'art puissant de son peuple en apposant les images culturelles de son peuple sur des canevas.

Michael Nicoll Yahgulanaas est un artiste de Haïda Gwaii. Il est né en 1954, a étudié avec des maîtres sculpteurs comme Jim Hart Edenso et Robert Davidson et a appris la technique de brosse asiatique auprès de l'enseignant Cai Ben Kwon. Michael Nicoll Yahgulanaas, dont les œuvres sont exposées à l'échelle nationale et internationale, est aussi un auteur primé de nombreux ouvrages. Il a inventé « Haïda manga », un nouveau genre artistique qui aide à inspirer les jeunes à explorer leur potentiel artistique.

Index

142

Special thanks to the following, who made the artwork featured in this book possible: the Government of Canada, the Province of British Columbia, the City of Vancouver, the City of Richmond, the Resort Municipality of Whistler, the Pacific National Exhibition, the University of British Columbia, BC Place Stadium and General Motors Place.

Indian and Northern Affairs Canada (INAC) supported an economic development program in conjunction with VAAP to engage five regional Aboriginal groups to create the works shown on pages 60-61, 72-73, 82-83, 84-85 and 114-115.

INAC supports Aboriginal people (First Nations, Inuit and Métis) and Northerners in their efforts to improve social well-being and economic prosperity; develop healthier, more sustainable communities; and participate more fully in Canada's political, social and economic development — to the benefit of all Canadians.

*Artwork was not installed at the time of publication.

Nous souhaitons remercier les entités suivantes qui ont rendu possible la présentation des œuvres d'art dans ce livre : le gouvernement du Canada, la Province de la Colombie-Britannique, la Ville de Vancouver, la Ville de Richmond, la Municipalité de villégiature de Whistler, Pacific National Exhibition, la University of British Columbia, BC Place et General Motors Place.

Affaires indiennes et du Nord Canada (AINC) a appuyé un programme de développement économique en conjonction avec le PAAS afin de retenir les services de 5 groupes autochtones régionaux pour créer les œuvres présentées aux pages 60-61, 72-73, 82-83, 84-85 et 114-115.

AINC soutient les Autochtones (Premières nations, Inuits et Métis) et les résidants du Nord dans leurs efforts pour améliorer leur bien être social et leur prospérité économique; établir des collectivités saines et plus durables; participer plus pleinement au développement politique, social et économique du Canada – au bénéfice de tous les Canadiens.

*L'œuvre n'était pas installée au moment d'aller sous presse.

Creative direction / Direction créative : Leo Obstbaum
Art direction & design / Direction artistique et conception : Greg Durrell
Production design / Conception de la production : Yumi White
Photography / Photographie : Rick Collins
Project management / Gestion de projet : Laura Hollingbery
Production management / Gestion de la production : Sarah Hancock

Project leads / Chefs de projet : Alison Maclean and/et Monica Netupsky
Aboriginal art coordination / Coordination des œuvres autochtones : Connie Watts and/et Rena Godard

Text and captions / Texte et légendes : Jill D. Lambert
Editing (English) / Édition (anglais) : Andrew Tzembelicos and/et Segun Afolabi
Copyediting (English) / Travail éditorial (anglais) : Charis Cotter
Proofreading (English) / Lecture d'épreuves (anglais) : Jacqueline Olynyk
Index (English) index / Index (anglais) : Mary Newberry

Translation, editing & index (French) / Traduction, édition et index (français) : One World Translations
Copyediting & proofreading (French) / Travail éditorial et lecture d'épreuves (français) : Marie-Pierre Lavoie, Maryse Désaulniers, Sarah Duchesne-Fisette, Annie Frenette and/et Tina Sarazin

Cover illustration / Illustration de la couverture : Xwalacktun (Rick Harry)
Illustrations / Illustrations : p.12-21 Connie Watts; p.22 Jody Broomfield; p.58 Pangnirtung Tapestry Studio; p.70 Alan Syliboy; p.80 Stephen Peltonen; p.96 Nuu-chah-nulth Arts Association

Supporting photography / Photographie secondaire : p.60, 72, 82, 84, 114 John Lee; p.61 David Kilabuk; p.64 Northern Wolfe Arts; p.66 Julia Trennert / Max Trennert; p.83 Scott Stevens; p.104 Jill Baird; p.116 Maxine Sellars

Special thanks to / Nous tenons également à remercier :
Teena Aujla, Karen Bryan, Brenda Crabtree, Chris Gear, Ben Hulse, David James, Dennis Kim, Brian Low, Salman Manki, Bill McLennan, Julie Morgan, Trevor Slaunwhite and/et Jennifer Smith.